El arte de una charla ocurrente: Sé inteligente, rápido y magnético

Por Patrick King
Entrenador de interacción y conversación social en
www.PatrickKingConsulting.com

Tabla de contenido

CAPÍTULO 1. FLUYE COMO UN RÍO — 4

Nunca hables con preguntas absolutas — 8
Piensa antes de reaccionar — 20
Practica la asociación libre — 30
Usa explicaciones dobles — 40
Elogios más efectivos — 48

CAPÍTULO 2. LA CONVERSACIÓN ES UN JUEGO — 66

Rompe la cuarta pared — 67
La técnica "Nosotros contra el mundo" — 73
Usa historias de último recurso — 82
Juego de rol instantáneo — 92

CAPÍTULO 3. UN TOQUE DE CHARLA OCURRENTE — 107

La máquina de respuestas ingeniosas — 113
Instiga una cadena de ocurrencias — 126
Ve más allá de lo literal — 138
El arte de malinterpretar — 143

CAPÍTULO 4. GRACIOSO A VOLUNTAD — 161

Imagen vívida — 162
La regla de tres — 175
Amagos por doquier — 186

CAPÍTULO 5. HISTORIAS CAUTIVADORAS — 215

Una vida de historias — 217

EL MÉTODO 1:1:1	225
LA COLUMNA VERTEBRAL DE LA HISTORIA	231
DENTRO DE LAS HISTORIAS	240
PIDE HISTORIAS	244
<u>**GUÍA DE ENSEÑANZAS**</u>	<u>258</u>

Capítulo 1. Fluye como un río

Cuando estaba creciendo, mi programa de televisión favorito no era una de las caricaturas convencionales como *G. I. Joe* o *X-Men*.

Las personas tienden a asumir que tuve una infancia triste cuando digo esto, pero no es como que mis draconianos padres me privaron de ver caricaturas.

Las caricaturas eran transmitidas típicamente los fines de semana por la mañana, lo que significaba irse a la cama temprano la noche anterior para levantarse temprano y ver los programas. Siempre dormía demás, así que nunca vi caricaturas. Pero, ¿por qué dormía de más?

Porque siempre me quedaba hasta tarde para ver a David Letterman, el anfitrión de *The Late Show with David Letterman* por más de treinta años.

No lo sabía en ese entonces, pero de todos los anfitriones de televisión por la noche, David Letterman era uno de los más legendarios. Solo lo veía porque pensaba que sus listas de Top 10 eran divertidas de una manera adulta que no entendía realmente. Él podía hablar sobre economía y, aunque no captaba realmente lo específico, sabía qué sentimiento general que estaba tratando de expresar y me reía cuando mi hermano mayor lo hacía. No entendía muchas de las ofensas contra los invitados, pero veía un tono específico y una expresión facial y seguía la corriente.

No fue sino hasta que me hice mayor que comencé a notar realmente las tácticas sutiles que Letterman usaba para darle energía a los invitados aburridos y convertir segmentos sosos en divertidos.

En particular, era su habilidad para charlar ingeniosamente con el líder de la banda, con sus invitados e incluso consigo mismo de una manera autorreferencial fuera de la estructura del programa. Letterman era como el teflón, era tan tranquilo y hábil que siempre podía seguir la corriente, nada podía perturbarlo nunca y nunca se quedaba sin una ocurrencia o dos.

Parecía que podía bromear sobre cualquier cosa y sus bromas nunca parecían forzadas ni fuera de lugar. No funcionó tan bien para mí cuando trataba de imitar a Letterman al siguiente día en la escuela, pero sí me puso a pensar sobre lo que constituía a una persona tranquila y hábil, tan capaz de dejar que cualquier cosa simplemente le resbalara, que era como teflón.

¿Cómo puedes siempre tener no solo algo que decir, sino algo ingenioso e inteligente que decir? La charla ocurrente es muchas cosas a la vez, algo encantador, fascinante, inteligente y rápido. Casi suena imposible cuando piensas sobre los efectos que tiene en otros.

Pero, la charla es una habilidad como lanzar una pelota de béisbol o tejer canastas. Una vez que conoces el patrón y lo fundamental, puedes practicar y mejorar. Y una vez que practicas lo suficiente, se vuelve un instinto y un hábito que viene de manera natural a ti porque se vuelve una segunda naturaleza.

Este libro va a ser una de tus mejores herramientas para volverte un experto en el tipo de charla ocurrente que te ayudará a tener éxito en situaciones sociales.

Sabrás lo que hace que una afirmación sea inteligente, cómo expresarla rápidamente y cómo todo se une para hacer que seas alguien notable y con quien vale la pena hablar. Comenzaremos con las técnicas para una conversación fluida. ¡No puedes lograr algo ingenioso si estás atrapado en un silencio incómodo!

Nunca hables con preguntas absolutas

No prestes atención a la ironía en el título de la sección (usando la palabra "nunca" para advertir contra el uso de palabra "nunca"). Pero lo sostengo.
Una de las maneras más comunes de detener cualquier tipo de flujo en una conversación, sin importar lo interesante que sea el tema, es cuando uno de los hablantes reduce sus preguntas a absolutas. Las preguntas absolutas son difíciles de responder y algunas veces incluso difíciles de contemplar, como estás por leer.

Una vez fui atacado por preguntas absolutas por un primo en una reunión familiar. Él tenía ocho en ese entonces, así que era entendible, pero nunca olvidaré como se sintió que alguien se mantuviera hablando usando solo preguntas absolutas.

Me preguntó cuál era mi sabor de helado favorito en todo el mundo. Lo pensé un poco y dije Rocky Road. El comenzó a chillar diciendo que tenía un gusto horrible exigiendo saber cómo me pude haber olvidado del napolitano. Lo siguiente, me preguntó cuál era mi programa de televisión favorito, y así seguía. Fue una conversación tortuosa, llena de largas pausas y juicios subsecuentes de mis gustos y opiniones.

Años después, el descubriría que es intolerante a la lactosa, así que básicamente le salió el tiro por la culata.

Existen más preguntas absolutas con las que te encontrarás en tu vida diaria, pero el punto es que son difíciles de responder de improvisto porque hacerlo requiere algo de razonamiento y toma de decisiones. Eso es mucho pedir dentro del flujo de una conversación casual. Sea cual sea el tren de pensamiento que tuvieses anteriormente debe ser desviado para responder a esta pregunta. ¿Y entonces dónde te deja eso?

Las preguntas absolutas usualmente aparecen de manera muy inocente. "¿Cuál es tu película favorita de todos los tiempos?" Esa es una pregunta bastante inofensiva, pero *es* una pregunta absoluta. Acorrala a las personas y usualmente los lleva a responder con "oh, no estoy seguro, déjame pensarlo", y luego nunca terminan su pensamiento, lo que por supuesto luego desvía la conversación. Para eso pídeles que resuelvan un problema aritmético. Un ejemplo:

"¿Cuál es tu banda favorita?"

- "No lo sé, déjame pensarlo".
- "No estoy seguro. ¿Cuál es la tuya?"
- "Luego te respondo eso. ¡No tengo idea!"

El problema aquí es que estás haciendo una pregunta absoluta que ruega por una respuesta absoluta. Cuando lo haces, ofreces a la otra persona muy poco espacio para maniobrar y, peor, les otorgas la difícil tarea de pensar una respuesta definitiva para tu pregunta. ¿Cuál es *mi* película favorita?

Tu pregunta fallará, la conversación se detendrá y podrías no poder devolverla a su curso. A la mayoría de las personas les gusta decir la verdad, y si se les pide algo que requiere que indaguen realmente y proporcionen una respuesta honesta para una pregunta absoluta, tratarán de cumplir con esta difícil tarea. Un pequeño porcentaje de personas será capaz de dar una respuesta que satisfaga vagamente tu pregunta. Cerca de 1% de las personas tendrá estas cosas en la punta de la lengua por alguna razón y el resto no sabrá cómo responder.

En resumidas cuentas: suena simplista y sin importancia, pero usar declaraciones, respuestas y preguntas absolutas dificulta la conversación, lo que conlleva a que muera antes de tiempo. (La conversación, no las personas participando).

Una de las reglas principales para la conversación es hacer que sea fácil para la otra persona, lo que obviamente la hace más fácil para ti. Además, es obvio que nadie quiere llevar la carga de la conversación. Nadie quiere llenar todos los espacios en blanco, prevenir todos los silencios y dirigir toda la discusión. Si tu línea de preguntas termina poniendo toda la carga sobre la otra persona como si fuese una entrevista de trabajo, esa otra persona dejará de participar rápidamente o te devolverá todo con una respuesta tipo "¿qué hay sobre ti?". Entonces tendrás que lidiar con el desorden que has creado.

Cuando le preguntas a alguien "¿cuál es tu (llenar espacio) favorito absoluto?" lo pones en una situación incómoda. Realmente le pides que indague, piense, y peor, que se comprometan a algo por lo que puede que no tenga fuertes sentimientos. Probablemente solo dirá el primer nombre que aparece en su mente y lo hará pasar como su favorito porque no quiere tomarse mucho tiempo respondiendo. Esto podría estar bien una o dos veces, pero imagina cómo se sentirá luego de un rato si cada pregunta va por el mismo camino.

Comenzará a sentirse como si estuviese en una entrevista de trabajo o en un interrogatorio en lugar de una placentera interacción social. Sentirá que está siendo puesto en una posición de llevar la carga de la conversación, una responsabilidad que no quiere particularmente. Es bastante agotante.

Así que, ¿cuál es la solución aquí? Veamos cómo podemos modificar esas preguntas absolutas en preguntas que sean más fácil de responder y que no sean un obstáculo para las personas ni paren la conversación.

Pon límites alrededor de la pregunta y haz que sea "no absoluta" y las personas podrán responderla con mayor facilidad.

Una pregunta absoluta común podría ser "¿cuál es tu película favorita?". Transforma esta pregunta en:

- ¿Cuáles son algunas de tus películas favoritas?
- ¿Qué buenas películas has visto recientemente?

- ¿Alguna película que recomiendes?
- ¿Prefieres ver televisión o ir al cine?

Estas preguntas pasan de ser algo específico a algo más amplio y fácil de responder. Al hacer esto, no estás atando a alguien a un compromiso absoluto o una afirmación absoluta. Existen diversos calificadores aquí basados en números o tiempo y cuando las personas no sienten la presión de tener que dar una respuesta absoluta, puede relajarse y responder sobre cualquier cosa.

Además, las preguntas abiertas como estas le proporcionan suficiente material para responder bien. Si alguien nombra una película como su favorita, pero tú no la has visto, probablemente te dirijas a un incómodo callejón sin salida en la conversación. Por otro lado, si alguien nombra varias películas, te da una mejor oportunidad de ser capaz de conectar al menos una de ellas con tus propias películas favoritas y seguir adelante en la conversación.

Aquí tienes otro ejemplo. Imagina preguntar a alguien "¿cómo serían tus vacaciones de ensueño?". Esta pregunta probablemente ponga a la otra persona en un enigma sobre cómo debería responder. ¿Decide en base a lo atractivo que sea el destino? ¿Pone más peso en los sitios o la cultura del lugar? ¿Deben mencionar el momento del año, compañeros de viaje y consideraciones de presupuesto?

El punto es que una sola pregunta toca diversos asuntos a la vez y podría abrumar a la persona con la que estás hablando, especialmente si solo buscas lograr una conversación sencilla y casual. Un punto clave a tener en cuenta es que, si tu pregunta se expande a puntos más pequeños, estaría mejor siendo planteada en términos de sus "ramas" en lugar de impuesto como un "árbol" entero.

Así que, en lugar de esperar que alguien se decida sobre su viaje de ensueño en el momento, considera mover tu conversación junto con los siguientes y más manejables temas:

- ¿Qué lugares geniales para vacacionar has buscado recientemente?
- ¿Algún destino playero que recomiendes para un viaje de verano?
- ¿Prefieres viajar con amigos o con tus familiares?
- ¿Preferirías ir en un crucero o en un viaje por carretera?

Como puedes ver, colocar límites alrededor de la pregunta ayuda a reducir la presión de dar la "mejor" respuesta de entre una multitud de posibilidades al estar frente a una pregunta absoluta. Cada calificador y límite hace que la pregunta sea más fácil de responder, y también revuelve el proceso de pensamiento del respondedor para que proporcione una respuesta más interesante y matizada.

Existe un beneficio adicional de hacer preguntas más fáciles y más generales a las personas. Les permite rodear sus declaraciones de una manera que hace que se sientan seguros. No hay una oportunidad para juzgar el gusto u opinión. Algunos de nosotros podríamos nunca pensar sobre esto, mientras que otros podríamos estar constantemente consumidos con evitar juicios.

Si dijera "creo que *Forrest Gump* es la mejor película de todos los tiempos", imagino que alguien podría juzgarme por mi gusto. Es básicamente una afirmación en blanco y negro, así que puedes estar de acuerdo o no. Es una posición y con cada posición hay una "anti-posición".

Sin embargo, si en su lugar dijera "vi *Forrest Gump* recientemente y fue bastante buena", sigues contribuyendo al tema de las películas con material, pero ahora es bastante improbable que alguien te juzgue a menos que realmente odie a Tom Hanks y las películas que te hacen sentir bien. Nuevamente, esta evasión de juicio podría parecer sin importancia, pero ciertamente no lo es para algunas personas, especialmente aquellos que sufren de algún tipo de ansiedad social.

El talento de un buen conversador radica en asegurarse de que la otra persona esté cómoda. Con la comodidad viene la franqueza, luego el entendimiento, luego viene un entorno listo para charla ocurrente. Podemos hacer esto al hacer preguntas más amplias que no solo busquen una respuestas correcta o incorrecta.

¿Quién sabe cuál es la mejor película? Este nunca es el punto. Las mejoras preguntas son subjetivas, y tu meta debe ser mantener el flujo conversacional y crear un ambiente de comodidad y familiaridad.

Evitar las preguntas absolutas significa agudizar tus habilidades para hacer preguntas. Te fuerza a ponerte en los zapatos de la otra persona y ver desde su perspectiva (conversacional). Tienes que tomar en consideración cómo se siente la conversación desde su lado y no solo lanzar una pregunta que casualmente tenías en la cabeza y que termina siendo extremadamente difícil de responder. El flujo conversacional no es un accidente.

Ahora bien, ¿qué pasa si te encuentras en la parte receptora de una pregunta absoluta? ¿Eso señala la muerte de la conversación?

No necesariamente. También puedes aprender a responder las preguntas absolutas que te hacen a ti. Sabemos que las preguntas absolutas pueden ser difíciles de navegar, así que debes ser capaz de responderlas de una manera más general que contribuya con el flujo.

Digamos que alguien te hace esa pregunta sobre tus vacaciones de ensueño. En lugar de quedarte sin palabras, recuerda que tal pregunta tiene diferentes facetas y no necesitas cubrirlas todas en tu respuesta. Podrías escoger responder solo un aspecto específico de la pregunta, por ejemplo, respondiendo con algo como:

- Nunca lo he pensado, pero vi un artículo sobre Bora Bora y se ve bastante interesante.

- Bueno, para este invierno, algunos de esos resorts para esquiar se ven agradables.
- ¡Cualquier lugar con mis dos mejores amigos sería lo máximo!

Recuerda, coloca límites a tus respuestas; esto a menudo significa responder una pregunta ligeramente diferente a la que fue hecha. Todo es demasiado fácil cuando entiendes que las personas no están buscando una respuesta o posición precisa, solo quieren que las cosas sigan su curso.

Piensa antes de reaccionar

Yo había estado hablando con una compañera de trabajo por unos cinco minutos en un evento de contactos y me cansaba más con cada segundo. Ella parecía pensar que nuestra conversación era un juego de póker de alto riesgo porque su rostro y su voz eran tan inexpresivos como el papel tapiz con estampado de cachemir junto a ella. En ese momento, no había siquiera un parpadeo que indicara que ella había escuchado lo que yo decía. Traté de hacer bromas sobre cómo los eventos de contacto eran la versión humana de oler el trasero que realizan los perros y eso ni siquiera le sacó una sonrisa.

Para salir de la conversación le dije que tenía que ir al baño y ni siquiera estoy seguro de que haya oído eso. Las reacciones son extremadamente importantes en la conversación.

Una conversación sin reacciones es como una película sin música de fondo. Al inicio, las cosas parecen estar bien, pero rápidamente te das cuenta que se siente vacía y algunas veces perdida. Sientes como si estuvieses hablando con una pared que no puedes leer y una que ni siquiera estás seguro que esté escuchando lo que estás diciendo. No estás seguro de qué sentir y cómo proceder porque no se han dado señales.

Las reacciones muestran a las personas que estás más que físicamente presente; estás presente de manera emocional e intelectual.

Si concuerdas con la energía de la persona con la que estás hablando, también le haces sentir que la entiendes mejor de lo que parece.

Como con muchas cosas, las reacciones tienen un efecto acumulativo. Si durante una conversación de cinco minutos la otra persona no reacciona a una o dos afirmaciones que realizas, podrías no darte cuenta. Pero, supongamos que la otra persona no responde diez veces seguidas a algo que has dicho, ¿no comenzarías a sentirte ansioso, como si hubieses dicho algo mal y te están castigando con su completa falta de reacción?

Existen diversos niveles diferentes para las reacciones que hacen obvio que estás escuchando y que estás presente.

Puede ser algo tan sencillo como levantar tu ceja y decir "oh", o incluso simplemente asentir. Los pequeños reconocimientos como estos no deben menospreciarse. No tienes que ser un experto al reaccionar, o hacer un alboroto por ello; solo tienes que dejar que la otra persona sepa que estás prestando atención.

Aun así, hay un par de maneras con las que puedes mejoras tus reacciones para que las personas tengan un sentido de flujo conversacional contigo.

El primer elemento es asegurarte de que reaccionas con la emoción adecuada. Imagina que cuentas una historia sobre romperte el brazo y la otra persona reacciona con enojo. ¿Es esa la reacción que querías (o esperabas) recibir?

No, probablemente compartiste esa historia porque era divertida o lamentable (o ambas). Dependiendo del tono de tu historia, estabas buscando una risa, simpatía o un poco de ambas. "Vaya, eso sí que apesta", o "vaya, que gracioso, aunque también apesta".

El enojo como una respuesta a tu historia simplemente no tendría sentido. La manera más fácil de asegurarte de que reaccionas adecuadamente a una historia, afirmación o pregunta es dando un paso atrás y preguntarte "¿cuál es la emoción principal siendo compartida aquí?" *¡y luego responder con esa emoción!*

Ten en cuenta que la intensidad de tu emoción también importa. Para usar el mismo ejemplo, si dijeses "vaya, no puedo imaginar lo que haría en tu posición", probablemente estás forzando la reacción solidaria. Por otro lado, si dices "eso tiene que ser un inconveniente", probablemente no estés siendo lo suficientemente solidario, lo que podría hacerle pensar a la otra persona que estás socavando sus emociones. Como tal, una vez que reconozcas la emoción que están buscando, cuida de regresarla en la misma medida que fue expresada hacia ti.

Aquí tienes un consejo: la vasta mayoría de emociones que las personas comparten esperando que haya una reacción recíproca y congruente son: alegría, molestia, enojo, tristeza, humor. Ten en cuenta que tres de estas cinco son negativas.

Por ejemplo, "¿¡te conté sobre cómo este tipo se me atravesó en medio del tráfico hoy!?" Eso es una combinación de molestia y enojo.

Esto es algo que se vuelve instintivo y casi instantáneo luego de un poco de práctica. Solo piensa "¿qué emoción quieren?" Lo que estás tratando de determinar es qué emoción sienten *ellos* para poder responder del mismo modo. Cuando tus respuestas encajan de manera precisa con lo que la otra persona está diciendo (y sintiendo), les dice que los entiendes, que puedes caminar una milla en sus zapatos. Creas un montón de comodidad subconsciente cuando reaccionas de una manera que corresponde con sus sentimientos.

Para reforzar tal expresión de entendimiento hacia la persona con la que estás hablando, da un paso más al imitar también sus expresiones faciales y gestos. Un estudio psicológico demostró que imitar, una técnica que implica copiar sutilmente el lenguaje corporal de la otra persona durante una interacción, facilita el agrado.

Así que, al responder la historia de esa persona sobre el tipo que se le atravesó en el tráfico, asegúrate de que expresas tu molestia no solo verbalmente, sino también frunciendo el ceño o torciendo tu boca hacia un lado.

La segunda manera de hacer que tus reacciones se vean mejor es reaccionando un poco más lento de lo que crees que deberías. En general, una reacción fuerte es mejor que ninguna reacción. Si estás impertérrito o no muestras ninguna reacción, las personas sienten como si estuvieran hablando con una pared.

Pero, reaccionar muy rápido puede inculcar una frustración similar. La otra persona podría sentir que solo estás siendo condescendiente y no te interesa realmente lo que tengan que decir. Imagina un escenario donde estás emocionado por compartir algo sobre tu fin de semana. La persona con la que estás compartiendo está asintiendo vigorosamente todo el tiempo mientras cuentas la historia. De hecho, casi te están interrumpiendo con su emoción.

Justo después de que compartes algo, exclaman "¡lo sé!" o "¡claro que sí! ¡Totalmente!"

En algún punto, se vuelve bastante claro que no hay manera de que hayan podido procesar lo que acabas de decir tan rápidamente; solo están actuando con un entusiasmo falso porque eso es lo que creen que deben hacer.

¿Si quiera escucharon lo que acabas de decir si lo que hacían era asentir y exclamar algo? Debido a que reaccionaban muy rápido, asumes que solo escucharon un par de "palabras clave" y estaban respondiendo por reflejo o hábito, no en respuesta a tus palabras.

Si reaccionas muy rápidamente, sin importar las razones para hacerlo, te hace ver desdeñoso. Hace que las personas con la que estás hablando sientas que no las estás escuchando de verdad. Puedes decir "lo entiendo" todo lo que quieras, pero el mensaje es que *no los entiendes* y solo estás tratando que dejen de hablar.

Esa no es una gran manera de fomentar una comodidad mutua en una conversación. Cuando reaccionas muy rápidamente, también haces que las personas se sientan agobiadas.

Si constantemente inclinas la cabeza y dices "sí, sí, sí, lo entiendo", sienten una presión tremenda para hablar rápidamente y terminar lo que están diciendo. Desde su perspectiva, es como si estuvieses diciendo que estás aburrido y ya sabes la conclusión, ¡así que apresúrate!

En cambio, las personas más amables no quieren aburrirte. Tampoco quieren que sientas que estás esperando por mucho tu turno para hablar. Así que se apresurarán, se trabarán con unas palabras y probablemente, aunque quizás inconscientemente, se sentirán irritados.

Cualquiera que sea el caso, terminas creando un serio impedimento para ellos para que se expresen libremente y se sientan cómodos al hacerlo. En lugar de eso, sienten que están atrapados en una carrera y tienen que hablar muy rápido y terminar lo que están diciendo porque estás esperando tu turno para contribuir.

Si tienes un problema por reaccionar muy rápido o sobrerreaccionar, prueba la regla de los dos segundos. Espera dos segundos luego de que la persona termine de hablar antes de decir algo. Esto hace que parezca que estás procesando y considerando lo que acaban de decir. Además, la mayoría de las personas probablemente te perciba como alguien más inteligente si te tomas un par de momentos para responder.

¿Dices que no sabes qué hacer o sobre qué pensar durante esos dos segundos? Bueno, ¿qué tal sobre lo que se acaba de decir y cómo se relaciona contigo? ¿Y cómo se relaciona con el resto de la conversación en general? Saca un rostro pensante, reposa tus manos en tu mentón y las personas no volverán a cuestionar tu participación otra vez.

En resumen, no quieres sobrerreaccionar y tampoco quieres reaccionar muy rápido.

Practica la asociación libre

Hay momentos en los que no importa realmente lo bueno que seas como hablante o lo interesante que puedas ser como persona, o si vamos al caso, lo interesante que sea la persona con la que estás hablando. Algunas veces la conversación simplemente se traba. No es culpa de nadie, simplemente pasa.

Podemos trabarnos en temas que no nos importan, o una conversación pueden tornarse en algo que se siente como una entrevista, haciendo que se sienta superficial e incómoda. Podríamos descubrir que tenemos muy poco en común con la otra persona. Cuando tratamos de pensar sobre diferentes cosas sobre las que hablar, se vuelve difícil, como tratando de escapar de un agujero.

Cuando nos encontramos en una conversación donde estamos enredados en un tema difícil o imposible, terminamos sintiéndonos congelados y atrapados, lo que crea ansiedad y frustración. Mientras más tratamos de escapar, más atrapados nos sentimos.

Así que vamos a simplificar la conversación.

La conversación es una serie de afirmaciones, historias y preguntas. Luego de que una persona contribuya con alguno de esos elementos, la otra persona responde del mismo modo, sea sobre exactamente el mismo tema o un tema que está de alguna manera relacionado con el original.

Allí es donde entra en juego la asociación libre. Esta es la práctica en la cual dices cosas que vienen directamente a tu mente cuando escuchas algo, sin tratar de filtrarlo de alguna manera.

¿No es la conversación solo una serie de ejercicios de asociación libre?

Por ejemplo, si alguien dice algo como "¡me gustan muchísimo los gatos!" y no sabes nada sobre gatos, podría ser difícil para ti contribuir con algo a la conversación. Si en serio odias los gatos porque uno casi te deja ciego cuando eras un niño, eso podría ser algo para matar la conversación, o podría incluso lanzarte a una diatriba que también asesinará la conversación.

Podrías no tener nada que decir sobre los gatos pero, ¿qué tal si quitas la afirmación y contexto y te enfocas solo en la palabra y concepto de gatos?

Con una sencilla asociación libre, puedes encontrar una manera de darle vida nueva a la conversación de manera rápida y eficiente, sin importar lo estancada que esté.

Simplemente asocia cinco cosas sobre gatos. En otras palabras, suelta cinco cosas (sustantivos, ubicaciones, conceptos, afirmaciones, sentimientos, palabras) que pasaron por tu cerebro cuando escuchaste la palabra "gatos". Permite que tu mente se ponga en blanco y se enfoque en la palabra "gatos". Deja de pensar en la palabra "gatos" como un gatillo hacia experiencias pasadas y recuerdos. En lugar de eso, comienza a verlo como un concepto fresco desconectado de lo que hayas experimentado antes. Haz un juego de asociación libre contigo mismo. ¿En qué te hace pensar la palabra "gatos"? Solo estamos hablando de conexiones netamente intelectuales.

No importa lo que sientas ni cuáles sean tus emociones. No importan tus experiencias, sea que estés traumado por ellas o no. No tiene nada que ver con eso. Esto es simplemente un desafío intelectual para tratar de llenar rápidamente una lista de las cosas que se pueden enlazar con el concepto de "gatos".

Para la mayoría de las personas, cuando la palabra "gatos" es mencionada, piensan en gatitos, acurrucarse, cajas de arena, chitas, leones, pescado, sushi, pelos, perros, alergias, el musical, etc. Ten en cuenta que aquí no hay respuesta correcta o incorrecta. Todo se trata de la asociación libre. Lo que importa es que llenes rápidamente esa lista de cosas que puedes conectar de manera intelectual con la palabra "gatos".

Te darás cuenta que hacer esto es mucho más fácil que inventar una afirmación receptiva o pregunta a la declaración "me gustan muchísimo los gatos". Aun así, tu tarea y desafío es exactamente la mismo, ¿a dónde te diriges con lo que la otra persona dijo? Con esa estrategia y perspectiva es mucho más fácil disociarse de la afirmación como tal y asociar libremente con el tema de discusión.

Hacer esto entrenará tu cerebro para que piense fuera de la caja (del gato), aborde la conversación de una manera no lineal, y veas todas las posibles direcciones a donde un simple concepto o palabra puede llevarte.

Por ejemplo, puedes responder a la afirmación "me gustan muchísimo los gatos" con cualquiera de las siguientes respuestas:

"Siempre me he preguntado si los gatos disfrutan acurrucarse tanto como los perros".

"¿Has escuchado de estas razas hipoalergénicas de gatos?"

"Entonces, ¿*Cats, el Musical,* sería algo que disfrutarías ver?"

Ahora imagina que alguien proclamó su amor por las carreras de autos, e imagina que no sabes nada sobre esto. ¿Cuáles son las primeras cinco o seis asociaciones libres que te vienen a la mente para carreras de autos?

Para mí, es una mezcla de (1) NASCAR, (2) combustible, (3) neumáticos, (4), las películas de *Rápidos y Furiosos*, (5) Japón (no me preguntes), (6) Mustangs. Esta es la parte mágica, cada una de estas seis asociaciones son temas perfectamente normales a los cuales cambiar siguiendo el flujo de la conversación.

"¡Me encanta ver las carreras de autos! ¡Es muy divertido!"

"¿Te refieres a NASCAR o carreras ilegales de autos?

"Siempre me he preguntado qué tipo de millaje de combustible tienen esos autos".

"¿Esos autos tienen neumáticos especializados? ¡No creo que los neumáticos de mi auto puedan soportar eso!

"¿Entonces las películas de *Rápidos y Furiosos* son tus favoritas?

"Escuché que hay algo llamado drift racing en Japón, ¿te refieres a eso?"

"Siempre imagino las carreras de auto con grandes y poderosos Mustangs. ¿Esas son las carreras que ves?"

Prueba la asociación libre con las palabras "café" y "trenes" y piensa sobre cómo sería mucho más fácil construir preguntas y conversar generalmente sobre algo una vez que puedes formar un mapa mental del asunto y sus temas relacionados.

Simplemente te sientes *liberado*.

Claro que, la mejor manera de hacer esto es no intentarlo la primera vez cuando estés en una conversación como tal. La asociación libre es la parte fácil, pero utilizar las cosas que vienen a tu mente en una conversación activa puede algunas veces ser complicado. Practica la asociación libre conscientemente varias veces durante la semana. Mientras más lo hagas, mejor te volverás en ello.

Aquí tienes cómo practicar: en un trozo de papel, escribe cinco palabras aleatorias. Pueden ser lo que sea, un sustantivo, verbo, recuerdo e incluso una emoción o sentimiento. Imagina que la primera palabra que escribes es "servilleta". Lo más rápido posible, escribe tres asociaciones libres para esa palabra. Toma la última palabra que pensaste y luego, lo más rápido posible, escribe tres asociaciones para esa palabra. Repítelo tres veces y luego avanza hacia el siguiente grupo de palabras.

Servilleta -> mesa, cuchara, cena fina.
Cena fina -> Francia, Estrella Michelín, mayordomo.
Mayordomo -> Jeeves, guantes blancos, Michael Jackson.
Y así sucesivamente.

Practicar la asociación libre es una excelente fundación para una buena conversación porque la conversación se trata de relacionar ideas no relacionadas, hacer conexiones y seguir el flujo de los temas. La siguiente ocasión que te veas luchando por pensar algo que decir, da un paso atrás y pon en práctica tus habilidades de asociación libre.

Así como con cualquier otra cosa que tenga que ver con las habilidades conversacionales, solo la puedes dominar si practicas lo suficiente. La mejor parte de todo esto es que puedes hacerlo instantáneamente. Estás atrapado en una corriente de flujo de consciencia. Siempre recuerda que no hay respuesta correcta o incorrecta. Si crees que la hay, te estarás colocando una presión innecesaria sobre ti mismo.

En caso de que te encuentres en un hoyo con la técnica de asociación libre por alguna razón, una alternativa con la que puedes contar es simplemente pedirle a la otra persona que profundice lo que ha dicho. Así que, si alguien expresa que le encantan los gatos o las carreras, anímalos a que hablen más al respecto. Esto te dará más material para trabajar y para hacer asociaciones libres. Por ejemplo, algunas razones comunes para que a las personas les gusten los gatos incluye que sean lindos e independientes en comparación con los perros. Si alguien cita estas razones, ahora tienes más cosas con las que hacer la asociación libre; gatos, lindura e independencia. Usa esta abundancia para idear buenas respuestas. Flujo logrado; silencio evitado.

Usa explicaciones dobles

Durante una típica conversación, aparecen ciertos patrones.

Realmente todo se reduce a las primera diez preguntas que probablemente responderás cuando conozcas a alguien nuevo. Al mantener estas preguntas en mente y seleccionar tus respuestas de manera estratégica, tus conversaciones pueden ser más satisfactorias y puedes aprovecharte de estos patrones haciendo que funcionen para ti.

Como mínimo podrás extender la vida de tu típica conversación. Aprende estos patrones y crearás distintas maneras de sacar más respuestas, extender la conversación y aportar más valor percibido al intercambio.

Independientemente de quién y dónde conozcas a alguien, puedo decirte los primeros diez temas y las primeras diez preguntas que probablemente surgirán. Estas diez preguntas pueden ponerte en el camino correcto hacia el flujo, o pueden fijar el tono para un estancamiento y aburrimiento.

Usualmente, es algo así: ¿cómo estás? ¿Cómo estuvo tu fin de semana? ¿De dónde eres? ¿En qué escuela estudiaste? ¿Tienes hermanos? ¿De qué trabajas? ¿Qué estudiaste?

Es importante entrar a cualquier conversación con respuestas totalmente preparadas para estas preguntas comunes. Si dejas que pasen estas pequeñas oportunidades, terminas con respuestas aburridas y poco atractivas. Piensa en estas preguntas como invitaciones para decir algo interesante.

Al prepararte para ellas, puedes salir con una respuesta que hará que las personas participen mientras responden la pregunta. Darás la impresión de alguien creativo e interesante porque estás preparado con algo inesperado para decir. Allí es donde la respuesta doble, como implica el título, entra en juego.

El primer paso es conseguir una respuesta creativa a las preguntas que sabes que te harán. Pero, mantén tus respuestas cortas y sencillas, una explicación "de la calle". Tu meta es dar información de una manera única e interesante.

Por ejemplo, cuando alguien pregunta "¿de qué trabajas?", una respuesta seca y aburrida es "soy abogado". En lugar de eso, tu respuesta debería ser corta y sucinta como "archivo un montón de papeleo para vivir", o "me pagan para discutir con las personas". El primer camino seguramente no llevará a preguntas de intriga, mientras que el segundo ciertamente requerirá una examinación más de cerca, y eso es exactamente lo que quieres. Eso es flujo.

Despiertas la curiosidad en las personas. Haces que se abran sobre lo que tienes que decir, y luego procedes con la doble explicación. Para inventar explicaciones dobles poderosas para preguntas comunes, comienza construyendo explicaciones de la calle para cada pregunta que sabes que te harán.

Nuevamente, una explicación de la calle proporciona contexto, es inesperada y atrae a las personas. Logra que las personas se interesen en lo que estás diciendo.

Te ofrece una ventana para que te expliques un poco más, y en general coloca una red o canal mucho más amplio para para atraer a las personas. Te mantienes suficientemente general para alcanzar la mayor cantidad de personas, pero lo suficientemente específico para que no seas aburrido o sin contenido.

Las explicaciones de la calle son el primer paso para una doble explicación. El segundo paso involucra la explicación experta. Una explicación experta es lo que ofreces una vez que has atraído a las personas con tu enfoque de calle sobre el tema. Es la segunda capa que debes tener preparada para los momentos en los que parece que alguien quiere compartir más contigo sobre el mismo tema.

Esta explicación atrae su atención. Ahora que has enganchado a la otra parte, se abre la conversación a niveles más profundos de participación.

Esto también es útil cuando te encuentras con alguien que de hecho entiende el contexto de tu respuesta. Por ejemplo, en una cena, la otra persona podría ser un colega abogado. Cuando dices "archivo un montón de papeleo para vivir", ella podría responder con "yo también, eso es gran parte de mi trabajo", y luego resulta que ella también es abogado. La otra parte captará rápidamente tu explicación de calle y te pedirá una explicación más profunda, la cual ya tienes preparada de antemano. Esencialmente, la explicación de la calle es una introducción, y la explicación experta es una visión más profunda para revelar más, si estás motivado a hacerlo.

Siguiendo el ejemplo de arriba, una buena "explicación experta" sería: "bueno, soy un abogado corporativo y me especializo en transacciones de empresas y archivos corporativos. Mucha creación corporativa y también algunos documentos de inversión y préstamos".

Siempre debes tener estas explicaciones dobles preparadas. Comienza con una explicación de la calle porque te hace ver interesante y evitan que pierdas una oportunidad para lograr una impresión. Hacen que parezcas ingenioso y abren la conversación a niveles más profundos de participación. Sin embargo, asegúrate de que tus respuestas no parezcan ensayadas. Puede ser bastante fácil detectar si alguien está repitiendo mecánicamente líneas que se saben de memoria, así que pausa por uno o dos momentos antes de responder.

Aquí tienes otro ejemplo:

Una respuesta de la calle para la pregunta "¿qué hiciste el fin de semana pasado?" podría ser, "fui a esquitar y básicamente aplané mucho la nieve con mi trasero". Esta pregunta puede ir de cualquier manera. La persona podría decir "bueno, eso es genial" y pasar al siguiente tema, o podrían escoger hablar sobre detalles más finos respecto a esquiar.

Si te das cuenta que esta persona está pidiendo más detalles, o es alguien que esquía o está genuinamente atraída por tu afirmación inicial, puedes ofrecer la explicación experta.

"Pasé dos diamante negro, un diamante azul y tuve que buscar nuevos bastones de esquí porque los viejos estaban doblados por pasar sobre baches". Estos términos solo tendrán sentido para alguien que esquíe mucho. Esto le hará saber a la otra persona que sabes de lo que estás hablando y que compartes sus mismos intereses.

Al mismo tiempo, no quieres parecer como alguien que solo está soltando grandes palabras solo porque sí. Es una manera infalible para ser percibido como alguien arrogante. Si sientes que la otra persona está interesada, pero no es alguien que esquía, simplifica tu explicación experta para que sea fácilmente entendible por la otra parte.

Una vez que sabes que la conversación no se mantendrá a un nivel superficial, puedes liberar tu explicación experta a las personas para crear una participación y capitalizar inmediatamente gracias a un interés común.

La conclusión es que prepararte de antemano, puedes hacer que las conversaciones cobren su propia vida. Y la buena noticia es, como ya lo he mencionado, las conversaciones a menudo involucran preguntas que no son realmente tan nuevas. Son bastante predecibles. Si tuvieses que reducir todas tus conversaciones, podrían ser resumidas en unas diez preguntas, así que es fácil prepararse.

Al estar al tanto de las preguntas más comunes e inventando quizás unas tres historias interesantes o líneas de apertura para cada una, contribuirás en tu camino para convertirte en un mejor conversador.

Elogios más efectivos

Los elogios pueden ayudar a que tus conversaciones duren más y hacer que seas el objetivo de atención y afecto de alguien. El truco es que debes saber cómo usarlos adecuadamente.

Recuerdo una vez cuando era un niño, una profesora sustituta me elogiaba por mi cabello y ojos tratando de hacer conversación. La única razón por lo que recuerdo esto es porque era claro que la profesora sustituta estaba tratando de lograr una buena impresión conmigo, así que ella seguía elogiándome por las mismas cosas cada vez que me veía.

Cada vez que entraba al aula al regresar del receso, cada vez que llegaba a una clase en la mañana, cada vez que regresaba del baño... incluso siendo niño sabía que había algo raro.

Desafortunadamente, muchas personas

creen que los elogios son como caramelos. Creen que mientras más caramelos regalen, más agradables serán para los demás. Hasta que llega la inevitable subida de azúcar o caries. Más no siempre es mejor.

En papel, los elogios con cosas geniales, pero si los usas inadecuadamente o en el contexto equivocado, lo bueno que puedan producir se irá por el retrete. La profesora sustituta de mi niñez tomó toda la benevolencia que tenía conmigo y la mandó rápidamente por el retrete porque se sintió muy poco natural y forzado que me elogiara tanto.

Los elogios son vistos universalmente como algo bueno, pero algunas veces pueden hacerte parecer de poca confianza o adulador. Los elogios de alguien que los regala muy fácil y frecuentemente tienen poco valor. Sin embargo, si eres percibido como el tipo de personas que elogia y aprecia las cosas solo cuando genuinamente ves valor en ellas, tus palabras tendrán mucho más significado.

Como lo he dicho frecuentemente en este libro, tu objetivo principal es asegurar que ambos desarrollen una comodidad y confianza mutua. Un elogio torpe no ayuda a crear ese efecto.

¿Cuándo fue la última vez que alguien te elogió? ¿Qué sentiste cuando escuchaste el elogio?

Se siente bien que te digan que estás haciendo algo bien, o que tienes algunos puntos a favor. A las personas les gusta ser validadas y apreciadas. Ofrecer elogios puede ser útil para producir estos sentimientos. En las conversaciones, los elogios crean un aire de positivismo, lo que puede impulsar el nivel en general de comodidad que las personas tienen contigo. Un elogio bien hecho te ayuda a verte bien a los ojos de otras personas.

Esto no está solo en tu mente. Comienzas a respirar de cierta manera. Tu sangre comienza a bombear de cierta manera. Hay una correlación entre tu estado emocional y tu respuesta física. Lo opuesto también es cierto. Cuando alguien te dice algo positivo, tu cerebro produce neurotransmisores que están asociados con un sentido de bienestar y felicidad.

Si, por ejemplo, uno de tus amigos te elogia constantemente y nunca falla al hacer que te sientas mejor sobre ti mismo, probablemente comiences a desear ver a esa persona. Podrías no poder dar en el clavo del por qué, pero solo quieres estar cerca de él o ella. Lo que ha pasado realmente es que tu cerebro ha asociado a esta persona con el sentimiento positivo de ser elogiado, creando así una reacción automática de sentirse bien cada vez que estás con esa persona. Eventualmente, este condicionamiento positivo se vuelve de alguna forma adictivo.

Cuando estás alrededor de personas que te hacen sentir bien constantemente, quieres estar a su alrededor más a menudo. Lo opuesto también es cierto. Si te consigues con personas que son predeciblemente negativas y te ponen en un mal lugar mental y emocionalmente, tu tendencia es escapar de ellas. Verás, el condicionamiento también funciona de una manera que tu cerebro asocia a ciertas personas con emociones negativas, haciendo que te sientas incómodo cuando están cerca.

Una de las reglas fundamentales para el agrado y el carisma es el concepto de reciprocidad. En palabras sencillas, somos amables con personas que fueron amables con nosotros primero. Raramente vez a alguien reaccionar de manera negativa cuando alguien les obsequia algo, venda sus heridas o lo ayuda de otra manera.

Es un rasgo casi universal. La reciprocidad es parte del juego; cuando elogias a alguien, esta persona se siente bien y se siente beneficiada por tu acto. Entonces buscará una oportunidad para regresar el favor por tu acto positivo al elogiarte también.

Esta reciprocidad crea una interacción placentera e incrementa el nivel de comodidad que tienen entre sí.

Sin embargo, es fácil verse atrapado en los

beneficios de elogiar y asumir que solo porque elogias a las personas comprenderán automáticamente lo que quieres decir. Terminas sintiéndote merecedor de cierta "ganancia" por todos los elogios que repartes. No funciona de esa manera, como lo aprendió mi profesora sustituta.

Tienes que elogiar de la manera correcta o tus elogios en el mejor de los casos fracasarán y en el peor de los casos parecerán falsos. En lugar de hacer que las personas bajen la guardia, se volverán sospechosas y escépticas sobre tus motivos. Terminas produciendo el efecto exactamente opuesto a lo que buscabas

Lo primero que necesitas es enfocarte en *qué* quieres elogiar de la otra persona. Tienes que escoger cosas a elogiar que tengan el mayor efecto. En otras palabras, tiene que ser algo que realmente les importe. De otra manera tu elogio quedará como algo menos que genuino y darás la impresión de ser falso o manipulador.

Esa es la primera regla de oro. Quieres que tus elogios tengan el máximo efecto. Quieres que afecten a las personas de la manera correcta.

Aquí tienes dos áreas clave que son importantes en cuanto al enfoque de tus elogios se refiere: cosas sobre las que las personas tienen control y cosas sobre las que las personas han tomado elecciones conscientes y específicas.

Debes elogiar a las personas por las cosas que pueden controlar como su ropa, estilo, peinado e incluso habitación.

Aunque estas cosas parecen superficiales, elementos materiales, también son cosas personales y con bastante impacto. ¿Por qué? Porque estas cosas reflejan quién es una persona y lo que han hecho, mientras que elogiarlos por algo sobre lo que no tienen control, como el color de sus ojos, no.

Las personas tienen un control real sobre las cosas que mencioné y han hecho una elección. Han elegido su estilo de vestir, su corte de cabello y la manera en la que han decorado su casa o piso. Estas cosas reflejan los gustos y valores de una persona.

Toma el vestidor, por ejemplo, las personas se visten de cierta manera porque tienen valores definidos. Cómo se visten también refleja sus hábitos y cómo les gustaría ser vistos en el mundo.

Elije cosas a las que obviamente le han dedicado tiempo de meditación. Esto podría incluir una camisa brillante, un bolso de mano peculiar, una pieza de arte inusual o un auto clásico. Estas son características que están fuera de lo ordinario, poco comunes, y reflejan una desviación deliberada de la norma. Sin embargo, si tienes que elegir de entre un montón de cosas para elogiar a alguien, elige la que sea menos obvia. Digamos que tu novia se viste para ti para una ocasión especial. Lleva un vestido elegante, arregla su cabello, se pone un par de zapatos bonitos. ¿Qué deberías elogiar?

Ve por lo menos obvio, digamos sus

zarcillos. Algunas veces puede ser sencillo elogiar lo obvio, pero apreciar las cosas que pasan desapercibidas hace que las personas se sientan extra especiales porque les dice que te tomas el tiempo y esfuerzo para prestarle mayor atención.

Lo que hace que estos elogios sean efectivos es que estos tipos de afirmaciones personales son los que hacen que una persona se sienta única.

Por ejemplo, imagina que prefiero las camisas hawaianas. Siempre aparezco con una puesta. Obviamente tengo una muy buena opinión de las camisas hawaianas y, de alguna forma, por alguna razón, creo que me hacen destacar sobre la multitud. Si se me elogia por mis camisas hawaianas, es solo una confirmación de que otros ven mi tren de pensamiento y también me ven como alguien único e interesante.

En otras palabras, mucho de mi imagen pública y mi persona está arraigado al hecho de que elegí usar este tipo de camisas. Al elogiar a alguien sobre algo que claramente han elegido a propósito, reconoces y validas la afirmación que han elegido hacer sobre sí mismos. Te sales del camino para hacerlos sentir especial.

¿Cómo sabes qué tiene un significado especial para una persona? Enfócate en cuánto tiempo y esfuerzo hay normalmente detrás de estas decisiones. La posición política de alguien no es algo que tomen a la ligera. Es algo que probablemente les tomó mucho tiempo y consideración desarrollar. A menudo su posición política es un producto de su experiencia. Aunque podría ser incómodo elogiar directamente un punto de vista político, puedes tratar y encontrar áreas de aceptación entre su perspectiva y la tuya para validarlos. Esto les mostrará que eres de mente abierta y que aceptas puntos de vista contrarios.

Cuando elogias cosas que reflejan elecciones individuales, tu elogio tendrá bastante impacto.

Otras características por las que puedes elogiar a las personas son sus modales, la manera en que expresan ciertas ideas, sus opiniones, su visión del mundo y su perspectiva.

Estás diciendo "¡estoy de acuerdo con las elecciones que has tomado y entiendo tu tren de pensamiento!". Lo contrario sería elogiar a alguien por algo sobre lo que tienen cero control, como su altura.

Es bueno escucharlo, pero básicamente equivale a "oye, que buen trabajo teniendo suerte en el departamento de genes", lo que realmente no crea un impacto. Recuerda, no es algo por lo que hayan trabajado o algo que hayan elegido. A menos que estés elogiando las extensiones de sus pestañas o la forma de sus cejas, lo que obviamente toma esfuerzo lograr, el elogio no llega muy lejos.

Debido a que es bastante probable que una persona haya escuchado a alguien más ser elogiado por sus ojos, no se sentirá particularmente especial si reciben un elogio por sus propios ojos. Y, si sus ojos en serio destacan, probablemente hayan escuchado el mismo elogio miles de veces, así que no has ofrecido nada diferente.

Tus elogios tienen que centrarse en algo que proporcione alguna forma de validación. Por ejemplo, un peinado inusual que los haga sentir especial y únicos. Al dirigir tus elogios allí, resaltas su propio sentido de percepción sobre lo especial que son realmente.

Cuando elogias los ojos de alguien, o cualquier otra característica que no pueden controlar como su altura, parece genérico porque hay muchas personas en este planeta con ojos brillantes y atractivos.

No es algo especial, ya lo han escuchado antes, y podrías ofrecerles el mismo elogio a cincuenta personas ese mismo día. No hay propiedad sobre eso. De la misma manera, hay muchas personas que son altas. ¿Qué significa realmente cuando le dices a alguien "eres muy alto, ¡es genial!"?

Si alguien tiene dos brazos y dos piernas, eso no es realmente un elogio. Por el contrario, si alguien obviamente se ejercita y de repente usa franelas más ajustadas, eso puede ser una gran fuente de orgullo para ellos.

¿Por qué? Porque le ponen mucho esfuerzo. Cambiaron el físico de panza cervecera a algo bien definido. Hicieron un intento practico y deliberado para lograr ese físico, es algo que *les importa*. Si realmente quieres maximizar el efecto e impacto de tu elogio, todo comienza observando los detalles de las otras personas

Presta atención a cómo piensas que ellos quieren ser percibidos, porque eso te dará algo de conocimiento sobre sus inseguridades, y puedes usar tus elogios para fomentar la confianza en esas áreas. Si alguien constantemente va al gimnasio y hace que el fitness ocupe una gran parte de su estilo de vida, es bastante acertado que quieran ser percibidos como personas en forma, activas y comprometidas con la salud. Señala eso con un elogio.

Los elogios que apuntan a cosas sobre las

cuales la persona ha puesto mucho esfuerzo pagarán grandes dividendos. Esta fórmula vale completamente la pena.

Enseñanzas

- ¿Conoces a esas personas que siempre tienen algo inteligente o ingenioso que decir? ¿Alguna vez te has preguntando cómo cultivaron esta cualidad aparentemente mágica? Si es así, debes saber que ser ingenioso es mucho más fácil de lo que piensas y no es algo con lo que tienes que nacer. Al seguir ciertos trucos y técnicas, tú mismo puedes desarrollar la misma imagen pública. El primer elemento a abordar es el flujo conversacional y mantener una conversación bilateral.
- El primer truco del libro es nunca hablar con preguntas absolutas. Elimina las preguntas y afirmaciones que contengan palabras como favorito, absoluto, único o peor, etc., de tu vocabulario. Si le preguntas a alguien "¿cuál es absolutamente tu

película favorita?", estás haciendo una pregunta presurizada que induce una pausa y destruye el flujo. En lugar de eso, siempre generaliza tus preguntas al poner limitaciones sobre ellas. Esto no requiere mucho pensamiento de parte de tu compañero de conversación, lo que le permite simplemente responder una pregunta con un rango de respuestas en lugar de ser atrapado buscando la respuesta "correcta".

- Las reacciones son importantes. Las personas dicen y hacen cosas por una razón, y es usualmente para conseguir una reacción. Este paso es engañosamente sencillo pero difícil. Presta atención a otras personas y pregúntate qué emoción quieren evocar. Luego dales esa emoción. No te tomes mucho tiempo para responder, pero ser muy rápido tampoco es aconsejable. Todo esto es para hacer que otros sientan que estás presente y participando
- Si tu mente se pone en blanco, usa una técnica llamada asociación libre

para generar una respuesta. Estas son palabras que vienen a tu mente inmediatamente después de escuchar algo. Por ejemplo, si alguien habla sobre gatos; practica la asociación libre con los ejercicios proporcionados y serás capaz de inventar respuestas más rápida y fácilmente. La conversación como un todo es una serie de respuestas e historias que no están relacionadas, por lo que la asociación libre no es más que practicar el flujo conversacional.

- Independientemente de con quién estés hablando, es probable que te hagan las mismas preguntas genéricas. Estás incluyen de qué trabajas, cómo estuvo tu día y otras más como estas. Querrás tener dos respuestas separadas preparadas para estas preguntas, una de las cuales debe ser interesante y única (la explicación de la calle), mientras que la otra es más informativa (la explicación experta). Ser demasiado esotérico al conocer a alguien por primera vez no siempre es útil y puede confundir y dejar a otros sin habla.

- Finalmente, aprende a ofrecer buenos elogios. Esto también es engañosamente fácil. Elogia cosas sobre las que las personas tengan control o sobre las que hayan tomado una decisión. No elijas cualidades genéricas como la altura o el color de los ojos; en lugar de eso, elige cosas a las que las personas le han puesto esfuerzo de manera activa. Las personas se sienten cómodas y alagadas, y luego comienzan a abrirse.

Capítulo 2. La conversación es un juego

Ahora que hemos repasado algunas de las técnicas para lograr un tipo de flujo conversacional, o al menos evitar silencios incómodos, adentrémonos en algunas maneras en las que podemos jugar y disfrutar más en una interacción social. Muchas veces, hay altas expectativas y una presión presente en ti de alguna manera. Pero, esto nos roba uno de los mayores beneficios de una conversación, el juego y el entretenimiento. Esta distinción podría parecer pequeña, pero esas dos metas llevan a caminos divergentes.

Fuera de un par de contextos selectos, siempre debemos optimizarnos para jugar y entretenernos. Después de todo, ese es el punto de este libro. Si querías aprender a navegar oficinas políticas, podrías estar viendo el texto equivocado.

Rompe la cuarta pared

La cuarta pared es un término de televisión, películas y obras donde el personaje sale de su rol y se dirige a la audiencia directamente. Piensa en ello como un actor estando rodeado por tres paredes en el escenario. Existen, por supuesto, la pared trasera y dos laterales. La cuarta pared es el espacio directamente al frente del actor. Cuando el actor habla directamente con la audiencia, está rompiendo la cuarta pared.

Si alguna vez has visto *Todo en un día* con Matthew Broderick, él rompe la cuarta pared constantemente al dirigirse a la audiencia como si estuviera consciente de que lo están viendo. Otro ejemplo es Kevin Spacey en *House of Cards.* Él se dirige directamente a su audiencia a través de palabras o simplemente expresiones para demostrar cómo se sentía realmente. Y por supuesto, ¿quién podría olvidar a Jim

Halpert de *The Office* y sus desorientadas miradas hacia la cámara?

Cuando rompes la cuarta pared, estas reconociendo sutilmente algo sobre la conversación en curso en la que actualmente estás participando.

Imagina que tu conversación es un programa de televisión en el cual ambos personajes están leyendo sus líneas de un libreto. Para romper la cuarta pared eso significaría salirse de la conversación y hacer una observación sobre la discusión o tema o algo más relacionado al contexto de la conversación. También puedes referirte a esto como una conversación dentro de una conversación.

Estás rompiendo la cuarta pared de la conversación al hacer un comentario sobre la conversación como tal de una manera observativa o analítica. Estás hablando como si la estuvieras estudiando desde afuera.

Por ejemplo:

- "Vaya, esta conversación ha tenido un giro inesperado, ¿no?"
- "¿Acabas de hacer una referencia a las Spice Girls y las bandas de chicos de los 90?"
- "¡Nos distrajimos tanto que estábamos caminando en el lodo!"
- "Me disculpo de antemano por hablar tanto sobre el café".

Romper la cuarta pared es un comentario sobre la conversación como tal y es observacional. Tiene un mejor alcance con un poco de sorpresa y curiosidad, porque el contexto es que estás tan conmovido que fuiste forzado a hacer un comentario. Tuviste que salirte de tu personaje y comentar cuando era debido. Si lo haces bien, romper la cuarta pared demuestra un nivel más alto de conciencia de uno mismo.

Esto dirige la atención a algo que notaste sobre la otra persona y, en la mayoría de los casos, es algo que la otra persona hizo de manera consciente o por lo que está orgullosa. Con el ejemplo de arriba, es bastante probable que alguien conscientemente haya hecho una referencia sobre una banda de chicos de los 90, porque pensaba que eran entretenidas, les encantará saber que también piensas así.

Esta táctica también le dice a la otra persona que estás prestando atención a lo que está pasando a un nivel más profundo de la conversación.

Así como con otras técnicas que he abarcado en este libro, no exageres. En muchos casos, las personas tienen un apuro por tratar de parecer más inteligentes de lo que son y terminan usando la fórmula de la cuarta pared de una manera desastrosa. Esto resultará en que tu intento de la impresión de algo forzado y excesivamente cohibido, lo que solo hará que las otra persona elija mejor sus palabras al estar a tu alrededor por miedo a ser malinterpretada.

En ese aspecto, no debes comentar de manera negativa o dudosa porque eso resultará en algo particularmente crítico como si estuvieses menospreciando a la otra persona. Por ejemplo, romper la cuarta pared para decir algo como "¿en serio hiciste un comentario sobre la medicina holística?", seguramente parecerá un ataque. Esto está en contraste a romper la cuarta pared de manera positiva, lo que en efecto es elogiar a la otra persona por algo.

En lugar de buscar que ambas partes de la conversación se rían por la conversación, o que al menos sientan una cantidad tremenda de comodidad, romper la cuarta pared de manera negativa terminará haciéndote parecer condescendiente y sumamente ofensivo. Estos efectos son el reflejo opuesto de lo que estás tratando de lograr y no te ayudan.

Mal ejemplo: "¿en serio estás dirigiendo la conversación hacia ti otra vez?"

Mal ejemplo: "A propósito, me parece gracioso que fueras el sujeto de ese chiste".

En ambos casos, romper la cuarta pared para decir algo negativo da la impresión de que estás especialmente ofendido por algo, mientras que hacerlo para decir algo positivo genera un resultado opuesto.

Entonces, ¿cuándo usas la técnica? Aquí tienes dos ocasiones y contextos sencillos donde puedes romper la cuarta pared con un impacto fuerte y positivo.

Primero, esta técnica puede ser usada para señalar lo que ambas personas están pensando pero no dicen. Esto puede estar relacionado con tus alrededores, o algo notable de la conversación como tal.

"¿Acabamos de hablar de marcas de retretes por diez minutos? Definitivamente estamos en el mismo plano".

"Vaya, acabamos de pasar junto a un imitador de Michael Jackson de sesenta años, ¿cierto?"

Segundo, puedes usar la táctica de la cuarta pared de la conversación para señalar tu opinión sobre la conversación de lo que está pasando en el momento. Sin embargo, asegúrate de que tu opinión es positiva, entretenida o preferiblemente ambas.

Si la conversación ha progresado hasta un punto de fuertes risas y amistosos choques con los puños, entonces podrías comentar "esta conversación realmente se elevó, ¿cierto?"

Contrariamente, si estás confundido sobre a dónde se dirige el tema de la conversación, podrías decir "francamente, no tengo idea de adónde va esta conversación, pero me gusta".

La técnica "nosotros contra el mundo"

A las personas les gusta sentir que encajan. Es un deseo universal. Sin importar de qué cultura venimos, sin importar que qué región geográfica venimos, a todos nos gusta ser parte de un colectivo más grande.

Algunos de nosotros necesitamos sentir que somos parte de un ecosistema global más grande y otros simplemente quieren sentirse incluidos y aceptados por su equipo de fútbol, o incluso solo por la persona con quién hablan. Esto es un reservorio psicológico tremendo al que puedes acceder para ayudarte a convertirte en un mejor conversador.

Hecho, esa es una descripción bastante elevada y noble para la simple técnica de "nosotros contra el mundo", pero logra todas esas cosas al mismo tiempo en la mente de alguien.

¿Cómo se ve la técnica?

Simple: "vaya, en serio hay mucho ruido allí. ¿Puedes creer que todas esas personas se están quedando sordas allí?"

No parece mucho, pero es rápido y efectivo.

Esa afirmación crea un grupo social que es especial y está separado del resto de la sala o del mundo. Esencialmente has creado tu propio grupo conformado por ustedes dos; ustedes dos poseen un conocimiento especial, comparten los mismos pensamientos, están sobre el resto de las personas paseando y dañándose los tímpanos y ustedes dos son esencialmente las únicas dos personas cuerdas. Son ustedes dos contra el mundo, que se ha vuelto *loco*. En cierto sentido, aquí también estás rompiendo la cuarta pared, porque estás comentando desde fuera una situación en la que te encuentras dentro.

Es el mismo sentimiento cuando presencias algo increíblemente raro, y tú y un extraño fijan los ojos e intercambian miradas cómplices. Estás buscando algo en común en el proceso de pensamiento o el entorno actual y dejando en claro que solo ustedes dos tienen eso en común. Cuando haces un comentario en voz alta, dejas en claro que los ves con el mismo nivel de entendimiento y tren de pensamiento que tú. Y sea que estén de acuerdo o no, se sentirán inclinados a aceptar y unirse a tu grupo social.

"Nosotros contra el mundo" es una táctica especialmente útil cuando te vez de alguna manera "forzado" a quedarte con un conocido o incluso un completo extraño en ciertas situaciones. ¿Cuántas veces has atendido una fiesta que te dejó anclado a una mesa con un amigo, con nadie más que ustedes dos comiendo sus snacks? A menos que tengas las habilidades conversacionales para remediarlo, esta situación puede desintegrarse fácilmente terminando en un baile de ojos evitando mirar al otro y la ocasional sonrisa seca mientras rezas silenciosamente para que tu amigo regrese lo más pronto posible.

La siguiente ocasión en la que te encuentres en esa posición, prueba esta técnica para iniciar la conversación. Haz una observación sobre el evento en el que ambos están, la comida que es servida, o el comportamiento general de las personas a tu alrededor. Hacerlo será como una invitación abierta a la otra persona para que presente también su opinión u observación sobre lo que acabas de señalar, actuando como una chispa sobre madera para encender la conversación.

Idealmente, señala algo que estés bastante seguro que los dos tienen en común, o algo que ambos comparten contrario al resto del mundo (quienes no poseen esta característica). Aquí tienes un ejemplo de cómo podría ser la charla:

"Oye, ¿te has dado cuenta cómo las mesas a nuestro alrededor tienen un montón de verduras en sus platos mientras que nosotros nos fuimos por un montón de carne?"

"Sí, claro. Soy un gran carnívoro".

"¡Yo también! Aunque hace unos años traté de volverme vegetariano".

"¿En serio? ¿Qué tal te fue?"

"Solo digamos que solía tener una vaca".

Como se demuestra en el ejemplo, el comentario inicial sobre la elección de comida en una fiesta se volvió un trampolín para compartir las preferencias y experiencias sobre la comida y los hábitos alimenticios en general. La conversación sería más fructífera ya que cada persona podría continuar compartiendo más sobre sus propios hábitos alimenticios e interesantes experiencias con comida.

Otra manera de pensar sobre esto es que has creado tu propia broma interna. Cuando en serio eres parte de un grupo social conformado por dos personas, tienen experiencias compartidas únicas y exclusivas de las que pueden hablar en cierto punto luego. "Oye, ¿recuerdas cuando nos conocimos y los tímpanos casi nos explotan?".

Como puedes ver, usar la técnica "nosotros contra el mundo" puede ser sutil y sencillo. Pero, también es fácil fracasar. Y si fracasas, sonarás como si solo estuvieses haciendo una observación sobre algo obvio sin ninguna buena razón para hacerlo.

Esto cambia el uso adecuado de la técnica como con "¿puedes creer los tipos de charlas incómodas que la gente está probando aquí?" en, "sí, estos eventos son raros".

Lo que tienes que hacer es evaluar cómo puedes crear un grupo social con alguien. Generalmente, quieres observar (1) lo que es notable al momento para comentarlo, (2) lo que comparten en común contextualmente y no personalmente y (3) emociones generales que probablemente comparten basado en el contexto

Para las cosas notables que comentar, podrías decir "sí, vi a ese tipo parecido a Michael Jackson también y sentí que me estaba volviendo loco. ¿Tú igual?"

Para compartir un contexto común, podrías decir "¿puedes creer lo agresivos que son todos aquí? ¡Es demasiado!"

Para emociones generales que probablemente comparten, podrías decir "qué bueno que no solo el único aquí que..." o, "sí, es agotador estar aquí, ¿no?"

Cuando usas la técnica de conversación "nosotros contra el mundo", te permite atraer similitudes que puedes tener con la persona con la cual estás hablando.

También sonsaca patrones de pensamiento similares que podrían compartir. Haces esto simplemente al reconocerlos y destacarlos. De hecho, ustedes dos probablemente no sean tan diferentes de todos los demás en ese espacio geográfico o contexto, pero tus comentarios pueden hacer parecer que lo son.

Al convocar esta similitud percibida, creas abiertamente un sentimiento de cercanía y amistad. Al menos, la otra persona piensa que estás pensando dentro de las mismas líneas y sobre los mismos niveles. En algunos casos, también podrás usar esta técnica de manera no verbal. Simplemente al hacer gestos hacia algo raro con tu cabeza u ojos y reírte sobre eso establece el mismo enlace. Esto puede ser particularmente útil en lugares ruidosos o donde la persona a la que estás tratando de mostrarle los gestos está lejos de ti, como en una mesa grande.

Esta técnica es tremendamente útil porque la regla número uno para ser agradable es hacer que las personas sientan que eres como ellos. Independientemente del color de piel, religión, etnia y otras diferencias, preferimos a las personas que son iguales a nosotros en cierto nivel.

Esto da acceso a ese reservorio psicológico que mencioné al inicio de este capítulo. Nos gustaría crear un "lugar seguro" psicológico para nosotros y para las personas similares a nosotros. Estos son nuestros amigos; estas son personas con las que podemos contar y personas en las que podemos confiar.

Esta es una profunda verdad psicológica para los seres humanos porque está inculcada en nuestro ADN. Imagínate una sabana africana 50.000 años atrás. Imagina caminar a través de esa pradera y tener una mentalidad de "nosotros contra el mundo".

Con esa mentalidad en funcionamiento, podrías fácilmente identificar aliados que ayudarían a tu familia o miembros de la tribu a sobrevivir. Ahora, imagina la situación opuesta. Piensa en lo que pasaría si no pensaras de esa manera. Probablemente terminarías como el almuerzo de algún león.

Usa esta verdad psicológica para tu ventaja creando una percepción de similitud. La realidad es que tú y tu compañero de conversación no son tan diferentes del resto de las personas a tu alrededor. Pero, al usar esta técnica, creas un sentimiento artificial de cercanía y similitud que lleva a niveles más altos de agrado.

También crea la impresión de que eres una persona observadora. Hace que te veas lo suficientemente observador para darte cuenta de estas pequeñas cosas y mencionarlas. Y por esto es que tú y la persona con la que estás hablando están en la misma onda. ¿A dónde lleva todo esto? Bueno, lleva a que la otra persona se anime a compartir más sus pensamientos contigo. Siente que encaja y ese sentimiento crea un mayor grado de comodidad que empuja la conversación hacia adelante.

Usa historias de último recurso

Las historias de último recurso, como me

gusta llamarlas, son historias que pueden ser usadas como último recurso (¡dah!), cuando te quedes sin algo que decir. Pero, también pueden ser usadas para atraer a las personas, animar una conversación, o hacer saltar y reírte de personas que se sienten un poco frías en el momento.

¿Qué hace que una historia de último recurso sea diferente de una historia normal?

Bueno, una historia de último recurso tiene cuatro componentes diferentes; pero no te preocupes, vienen a ti de manera natural y orgánica una vez que has tenido algo de práctica con ellas.

Tampoco estoy tan enfocado en el aspecto narrativo como tal, ya que eso tiende a funcionar por sí solo (y de hecho no importa mucho) una vez que tienes los otros componentes en su lugar.

Los cuatro componentes en las historias de último recurso son: (1) la oración puente, (2) la historia como tal, (3) tu opinión de la historia y (4) pedir la opinión de la otra persona de diversas maneras. Como dije, te acostumbrarás rápidamente a este proceso porque es muy natural.

Primero que nada, aquí tienes un ejemplo. Imagina que una conversación está muriendo o hay cierta calma entre temas.

(1) Oye, ¿sabes lo que he escuchado recientemente?

(2) Una de mis amigas acaba de proponerle matrimonio a su novio y ahora están comprometidos. Aparentemente ella no quería seguir esperando y decidió ser progresiva e ignorar los roles de género y tomar su vida en sus propias manos. Ella tenía un anillo y todo.

(3) La primera vez que escuché esto, simplemente pensé "¡por qué no, es 2020!", los conozco a ambos y es algo que encaja en su relación.

(4) ¿Qué crees de eso? ¿Harías eso alguna vez? ¿Cómo reaccionarías si alguien hiciera

lo mismo por ti? ¿Harías lo del anillo también?

A simple vista, esta parece una historia casual y llamativa que definitivamente generará conversación debido a la manera en la que es presentada y debido a las preguntas planteadas al final para continuar la discusión. No tienes que hacer todas las preguntas juntas, ya que eso sería mucho que recordar. Ten una o dos preguntas que puedes hacer como seguimiento una vez que hayas contado tu historia. Una descarga de preguntas podría hacer que la otra persona se ponga nerviosa pensando qué pregunta responder primero o en cuál concentrarse más. Cada uno de los componentes separados juega un papel importante.

El primer componente es la oración puente, y aunque es corta, proporciona una transición sencilla y creíble desde cualquiera que haya sido el tema previo a tu historia de último recurso. No necesitas decir mucho con ella, esta solo proporciona el contexto del porqué tu mención al asunto. Solo lo escuchaste recientemente. No pienses mucho esta parte con protestas como "¿cómo puedo llevar a ese tema después de ese silencio o tema anterior?". Eso es lo que hace esta oración puente de forma sencilla y rápida. "¿Sabes lo que he escuchado recientemente?" es una opción bastante flexible, mientras que otras que puedes usar incluyen "¿quieres saber algo interesante que pasó recientemente?", y "¡no creerás lo que pasó el otro día!". Las tres provocan algo de curiosidad, dándote la transición perfecta para tu historia.

El segundo componente es la historia como tal. Ahora, nota que la historia no es tan larga y los detalles de la misma ni siquiera importan mucho aquí. La historia simplemente presenta una o dos premisas principales y no entro en detalles específicos porque eso no es lo que lleva una conversación hacia adelante.

Yo presento las premisas, trato de enfocarme en uno o dos de las emociones principales que quiero evocar y me muevo a partir de allí. Es corta, y la mayoría de los libros de narración lo arruinan haciendo que sea algo muy complicado presentando fórmulas para contar una simple historia. Si cuentas una historia correctamente, la reacción no es sobre la historia como tal, sino sobre las preguntas que esta plantea (y las que tú planteas).

Otra forma de conceptualizar una historia efectiva y concisa es pensando "¿cuál es la emoción principal y el punto de la historia que estoy tratando de contar?", y condensar eso en una oración. Si no puedes, tus historias probablemente son desórdenes inconexos que hacen que las personas griten internamente.

El tercer componente es mi opinión (como hablante) del asunto. Para la mayoría de estas historias de último recurso, quieres proporcionar una opinión positiva: de otro modo, las personas podrían no sentirse cómodas abriéndose y compartiendo si simplemente no están de acuerdo contigo. En otras palabras, si yo dijera que pienso que fue una terrible decisión que la chica le propusiera matrimonio al chico, la otra persona podría abstenerse de decir que piensa que es una buena idea por miedo a molestarme o contradecirme. Simplemente comparte cómo te sientes al respecto y trata de colocarte a ti mismo en el contexto.

Este componente es clave para que la otra persona se abra porque has compartido primero y te has vuelto vulnerable. La otra persona se sentirá más segura luego de que hayas revelado tu posición primero, esa es solo una faceta de la psicología humana.

El cuarto y último componente parece una serie de preguntas en vano, pero existe lógica en el caos. Cuando le pides a alguien que comente de manera general sobre una situación, la mayoría de las personas pasa un mal rato con esto porque es muy abierto y amplio.

Tienen una infinita elección de direcciones a las que pueden ir y no están seguros de la pregunta exacta que has hecho.

Podrían estar pensando "¿yo haría eso?" "¿Qué quieres decir? ¿Proponer como tal?

¿Si fuese mujer o como hombre? No entiendo lo que estás preguntando".

Por consiguiente, las historias de último recurso son mejores cuando concluyen con una serie de preguntas. La razón es que el tipo de respuesta que estás buscando se vuelve más claro cuando haces una serie de preguntas, y las preguntas diferentes resonarán con diferentes personas. Así que la persona con la que estás hablando podría no entender realmente o tener algo que decir sobre las primeras tres preguntas, pero se iluminará al escuchar la cuarta pregunta… incluso si es esencialmente la misma pregunta planteada de una manera diferente.

La razón por la que sé que este tipo de acercamiento con una serie de preguntas funciona, es porque puedes ver físicamente como se ilumina el rostro de las personas cuando haces una pregunta que resuena con ellos y cuando tienen algo con lo cual responder… insisto, incluso si es exactamente la misma pregunta con diferentes palabras.

Esos son los cuatro componentes de una buena historia de último recurso; y reitero, la mejor parte de esto es que las puedes preparar de antemano y llevarlas bajo tu manga para cuando sientas la necesidad de animar las cosas conversacionalmente.

¿La historia de arriba parece una buena? Nunca falla porque es una situación interpersonal con temas y preguntas universales, lo que significa que esencialmente todo el mundo puede tener una opinión al respecto.

Cuando piensas qué historias de último recurso poner bajo tu manga, las situaciones interpersonales tienden a funcionar por esa razón. Otras cosas que hacen buenas historias de último recurso incluyen preguntarles a las personas lo que harían en ciertas situaciones hipotéticas, y pedirles sus opiniones sobre dilemas morales (mientras no sean algo oscuro y depresivo).

Buscas temas universales sobre todo lo

demás, porque allí es donde puedes asegurar que la persona tendrá algo que añadir a la discusión resultante, de otra forma solo serás tú contando una historia sobre una ocurrencia interesante.

Por ejemplo:

- Mi amigo gastó $300 en una comida, principalmente en vino, sin razón u ocasión aparente. ¿En qué circunstancias gastarías $300 en una comida?
- Mi amigo vio a la pareja de su amigo engañándolo con otro. Él le contó a su amigo. ¿Tú le hubieses contado?
- Alguien aceptó un recorte salarial de $40.000 para trabajar en su empleo de ensueño. ¿Dónde trazas tú la línea?
- Alguien descubrió que le quedaban dos semanas por vivir y fue a la Antártida. ¿Eso suena atractivo para ti? ¿O preferirías hacer algo completamente diferente?

Simplemente recuerda decir todo esto en

historias que parezcan haber aparecido de la nada en tu cabeza, proporciona una opinión y pide su opinión de varias maneras.

Juego de rol instantáneo

Una de las mejores maneras para romper el modo de entrevista es participando en un juego de rol. Asumiendo un personaje, dejándote atrás y participando en el tipo definitivo de *juego conversacional*.

Pensemos en eso con una vista de pájaro.

Estás estancado en una conversación tipo entrevista. No parece haber esperanza de una transición a una conversación que fomente un entendimiento significativo. Ambos se sienten demasiado cohibidos y contenidos sobre lo que pueden hablar. Se sienten atrapados y, para empeorar las cosas, el amigo que te dio el aventón no volverá hasta dentro de una hora.

Ahora bien, ¿qué pasaría si decidieras

actuar como alguien de un programa de televisión o de una película? ¿Qué pasaría si te imaginas activamente lo que ese personaje haría en tu situación y lo dijeras en voz alta?

Imagina que la otra persona pasó por exactamente el mismo proceso y comenzó a hacer el papel de alguien más. ¿Cómo se vería tu conversación en ese punto?

¡Mucho mejor!

Allí yace la magia del juego de rol. No solo es genial para el juego y entretenimiento conversacional, sino que también puede sacarte de tus prisiones conversacionales. Te permite decir lo que de otro modo no dirías y actuar de maneras en las que normalmente estarías muy cohibido para hacerlo.

Se trata de jugar e inyectar mucha diversión e informalidad a tu conversación. No quieres estar atascado en una situación donde haces una pregunta y la otra persona responde, luego esa otra persona hace una pregunta y tú respondes. En muchos casos, esos intercambios son superficiales y fáciles de olvidar.

Si quieres captar la atención de la persona y lograr una buena impresión, juega un poco con ellas y entra un poco en el juego de rol. El juego de rol instantáneo es más sencillo que las tácticas de los dos capítulos anteriores y también te ayudará a infundir algo de humor en tu conversación. La parte complicada es conseguir que la otra persona siga el juego. Para tener éxito, escoge roles genéricos que cualquiera pueda representar con poco esfuerzo.

Contar chistes tradicionales con sus requisitos estructurales requiere el tema y situación adecuados para que tengan sentido. Eso elimina gran parte de la espontaneidad y diversión durante una conversación. Hasta que estés al día, es usualmente una mejor decisión intentar más tácticas de risas conversacionales y el juego de rol instantáneo es una de esas tácticas.

Así como con el escenario al inicio de este capítulo, el juego de rol te lleva a una arena mental diferente donde las personas usan su ingenio y trabajan deliberadamente en conjunto contigo durante la conversación para mantener esos roles.

Estás creando una obra de comedia improvisada en el momento y, con esta técnica, le dices a las personas qué roles tendrán por lo que naturalmente te obedecerán. Eres quien está iniciando el juego de rol y esto les permite a las personas seguirte cuando vean una dirección clara de a dónde ir.

En su raíz, el juego de rol es divertido. Las personas saltarán a participar si tú lo haces. Así hayamos o no participado en el coro o teatro en la escuela, es divertido entrar en la vida de alguien más, aunque sea por muy poco.

En algún punto de nuestras vidas, hemos tratado de jugar un rol, o decimos cosas ridículas que normalmente no decimos. Tratamos de ponernos en los zapatos de alguien más y de ver el mundo desde su perspectiva y actuar de acuerdo a ello. Al hacerlo participan muchos aspectos diferentes de nuestra imaginación y creatividad personal. Es una gran manera de salir de nuestras rutinas diarias.

La mayoría de las personas acepta el juego de rol porque nuestros roles personales pueden estar muy restringidos en la realidad. Por ejemplo, tu rol es el de un hijo, un amigo, un novio, un empleado y así sucesivamente. Es demasiado fácil definirte basado en tus roles en lugar de quién eres realmente. Como resultado, la mayoría salta a la oportunidad de salir de liberarse de sus vidas diarias con el juego de rol. Piensa en lo poderoso que te sientes cuando llevas una máscara en Halloween y te conviertes en alguien anónimo.

Entonces, ¿cuáles son los pasos en el juego de rol?

Paso uno: haz una afirmación "crítica" sobre alguien.

El truco es que la afirmación tiene que ponerlos en contraste contigo. Tiene que hacerlos relativamente mejor, peor, más divertidos, más felices, más locos o más calmados que tú. Puede ser un elogio o una broma mientras te diferencie de la otra persona.

Por ejemplo, puedes ofrecerles un elogio. Esto los pone en un rol superior a ti. Podrías decir "tu sentido de estilo es tan genial, ¡desearía tenerlo también!". Esta afirmación implica que la otra persona tiene mejor gusto en ropa que tú. En relación contigo, son superiores en este aspecto.

Por otro lado, una broma los pone en un rol inferior a ti. Por ejemplo, cuando dices "que buena chaqueta. ¿Las hacen para mujeres?", la implicación es que no pueden diferenciar entre las chaquetas de hombre y las de mujer, y necesitan ayuda para vestirse. Hablando relativamente, eres superior a ellos en este aspecto.

No los estás juzgando, pero estás haciendo una declaración que le asigna valor a la otra persona.

Paso dos: etiquétalos basado en la afirmación que hiciste.

Aquí verás por qué es tan importante que la afirmación que hiciste en el paso uno le asigne un valor relativo.

Por ejemplo, si elogias a alguien diciendo "vaya, eres genial haciendo de copiloto", continúa y dale un título o etiqueta, como por ejemplo "la personificación de Fernando de Magallanes", o "mi GPS personal por excelencia durante los viajes".

Si te vas hacia el otro extremo y bromeas con alguien diciendo "eres terrible como copiloto", le darás un título o etiqueta como "eres como Lewis y Clark, pero ciegos", o "Google Maps pero offline".
Es importante que de hecho les des un título o etiqueta, en lugar de solo describir lo bueno o malo que son en comparación contigo. Es importante porque… *¡ese es el rol que van a asumir!*

Paso tres: ¡empezar a asumir los roles!

Sea cual sea el título o etiqueta que les hayas dado, ese será el rol de la otra persona.

¿Cuál es tu rol? Por esto los roles tienen que estar relacionados contigo: puedes ser alguien que está aprendiendo de esa persona o alguien que está enseñando a esa persona.

Por ejemplo, si alguien es el *Fernando de Magallanes* moderno, entonces ese es su rol, y tu rol es ser curioso sobre cómo aprendió su oficio y cómo se volvió tan bueno en él. Si elevas a alguien, entonces tu rol es inferior a ellos.

Si alguien es *Google Maps pero offline*, entonces su rol es inferior a ti y tomas la responsabilidad de enseñarles. Si te burlas sutilmente de alguien, tu rol es superior a ellos.

Define los roles y luego interprétalos. Esto es crucial para el humor. Tienes que mantenerte constante.

Así es como suena todo junto de principio a fin:

"Eres muy bueno con los mapas y haciendo de copiloto, es increíble. Eres como el Fernando de Magallanes moderno".

"Oh, gracias viejo. Solo es algo que he hecho bastante".

"No, eres Fernando de Magallanes. ¿Qué continente fue más divertido descubrir?" (Aquí es donde le has asignado su rol y literalmente lo pones en una posición en la que debe aceptarlo).

"Oh... probablemente Suramérica. La fruta es muy dulce allí". (Aquí, entienden que estás en un juego de rol. No todo el mundo lo captará de inmediato, algunos nunca lo hacen. Pero, si lo hacen, se mantendrán en el personaje y continuarán con el tono que has establecido. Si simplemente no lo capta, sigue adelante e intenta de nuevo después de un rato).

"Claro, tiene sentido. ¿Interactuaste con los lugareños?"

"¡Todo el tiempo!"

"¿Disfrutaron más de la compañía de los lugareños o de las frutas?"

"Difícil de decir..."

Entonces, ¿qué pasó aquí? Explícitamente le dije a mi compañero de conversación cuál era su rol, el cuál provino del título que le ofrecí debido a un elogio. El elogio era hiperbólico y exagerado ya que esos son los tipos de roles y personajes más sencillos de asumir.

Es mucho más fácil y más interesante tomar el rol de alguien que está increíblemente loco en lugar de alguien moderadamente perturbado, ¿cierto?

Luego de que la persona se da cuenta de lo que está pasando, depende de ti mantener el juego de rol. Has creado los roles, la situación y tienes que continuar guiando.

Aquí tienes otro ejemplo de un juego de rol instantáneo en acción:

"Este pollo rostizado está suculento. Realmente te sabes mover en la cocina. ¡Debes ser el Bobby Flay de por aquí!"

"Oh sí, usé la misma receta que encontré en mi libro de cocina nuevo. ¿Ya conseguiste una copia?"

"Todavía no. ¿Te molestaría darme una copia firmada?"

"¡Seguro! Mientras no olvides sintonizar mi nuevo programa en Food Network mañana por la noche".

"Ah sí, vas a presentar tu receta de salsa barbacoa, ¿cierto?"

"Sí. Y si me invitas a una barbacoa, ¡podría preparar justo esa icónica salsa para ti y tus otros invitados!"

Como puedes ver, el juego de rol

instantáneo es más fácil de instigar de lo que crees. Te permite pasar por encima de impasses conversacionales y entrar en un modo de pensamiento donde estás actuando con la otra persona. Es una mentalidad mucho mejor para el entendimiento y más propicia para lograr hacer amigos en lugar de comenzar con una charla y buscar una transición a partir de allí.

Enseñanzas

- Todo en una conversación es una oportunidad para una interacción juguetona. Solo se necesita un cambio de mentalidad para ver eso y el mundo se abrirá.
- Romper la cuarta pared es un movimiento sencillo pero efectivo para hacer que cualquier conversación sea interesante. A menudo usada en películas, esta técnica esencialmente consiste en hacer un comentario sobre la conversación que estás teniendo de una manera positiva. Esto es

generalmente algo que ambas partes están pensando, pero no ha tenido reconocimiento. Si estás teniendo una conversación particularmente divertida con alguien, podrías recalcar algo bromeando "las cosas realmente subieron de tono, ¿no?". Esta es una gran manera de conectarte ya que muestra que estás pendiente de tus conversaciones a un nivel más profundo.

- Lo siguiente, tenemos la técnica "nosotros contra el mundo". Esta implica formar un grupo social con la persona con la que estás hablando basado en alguna experiencia o emoción común que ambos comparten. Si, digamos, te encuentras en un club donde la música está muy fuerte, puedes comentar algo como "parece que estas personas se están llevando bien, ¡pero estoy seguro de que nos vamos a quedar sordos!". Esto forma una experiencia compartida y un chiste interno que también puede ser usado en interacciones futuras.

- Si una conversación parece estar muriendo o pasando a monótona, podrías querer tener algunas historias de último recurso para estimular tu interacción. Estos son incidentes extremadamente cortos que puedes narrar para conseguir la opinión de la otra persona o para preguntarle cómo reaccionaría en la misma situación. El énfasis aquí está sobre la discusión y opinión. Por ejemplo, puedes contarles sobre cómo una chica rompió los estereotipos y le propuso matrimonio a su novio, siguiendo con una pregunta sobre lo que harían en una situación similar. Esto puede ser el punto de inicio de una conversación amena.
- También tenemos el juego de rol instantáneo como una técnica a la que puedes recurrir. Este es quizás uno de los trucos más sencillos mencionados hasta ahora. El truco generalmente involucra a ambas partes para que asuman algún rol genérico y lo interpreten para tener

un alivio cómico. Hay cuatro pasos a considerar aquí. Primero, elogiar a la persona sobre alguna cualidad que tengan, como ser un gran copiloto. Luego, asignarles un rol basado en esa cualidad, como que sea igual a Fernando de Magallanes. Este es el rol que asumirá, el de un navegador reconocido. Simplemente sigue la corriente con preguntas interesantes sobre la navegación ("¿qué continente disfrutaste más al descubrir?") y guíalos hacia el juego de rol.

Capítulo 3. Un toque de charla ocurrente

¿Cuál es la receta segura para una conversación genial y agradable? Por supuesto, ¡un toque de ingenio! Aunque los capítulos anteriores te han entrenado en el arte de mantener el diálogo fluyendo como un río y te han preparado para abordar las conversaciones como una obra, este capítulo te equipará con las herramientas para engalanar tus charlas con risitas cortesía de unas ocurrencias en el momento justo.

Una mentalidad ingeniosa es una mentalidad para el juego y el entretenimiento. Desafortunadamente, probablemente no es algo a lo que estés acostumbrado.

De hecho, probablemente estás tomando las afirmaciones y preguntas de las personas por su valor nominal, sin darle muchas vueltas y manteniéndote en el camino literal de una conversación. Como resultado, las cosas podrían tomar el sentido más comercial de una entrevista en lugar de una charla con un amigo cercano.

Aquí tienes una ilustración rápida y sencilla. Si le preguntara a alguien sobre cómo estaba el clima afuera, una respuesta literal de valor nominal sería "justo comenzó a lloviznar. Se ve frio".

Una respuesta de alguien que tuviese una mentalidad humorística sería significativamente diferente: "no hay suficiente agua para necesitar un paraguas, pero dile adiós a tu peinado". La diferencia está en lo literal que uno interpreta la pregunta y lo literal que es la respuesta dada. Suena un poco como los dos tipos de explicaciones que puedes dar, ¿cierto?.

Hay una razón por la que algunas personas parecen tener ocurrencias divertidas cada minuto, mientras que tú podrías pensar que tienes una o dos buenas réplicas cada dos semanas. La diferencia no es que sean más divertidos intrínsecamente, es que tienen la mentalidad correcta para ello. Están preparados para el humor e incluso para cazarlo.

Como viste en el ejemplo arriba, la mayoría de nosotros está atrapado en el modo donde somos demasiado serios en nuestras conversaciones. Pensamos que solo porque iniciaron de cierta manera, deben adaptarse a cierto molde y seguir esa plantilla o librero para completarse. Hacemos esto porque estamos en piloto automático frecuentemente y estamos acostumbrados a dejar que se escapen oportunidades.

Si alguien pregunta sobre el clima, sí, quieren saber la temperatura. Pero, no se detiene allí. Puedes responder la pregunta de muchas maneras que no requiere que simplemente respondas como si fuera la pregunta de un examen.

Tenemos muchas expectativas sobre a dónde debería ir nuestra conversación y cómo debería fluir cuando en realidad a las personas no les importan estas expectativas.

Es más, estas expectativas a menudo llevan a conversaciones sobre cosas que a ninguna de las partes les importa. Lo que hace que esto sea tan raro es que ambas partes son demasiado educadas para decir algo sobre la conversación. Nadie quieres hablar sobre el clima por más de una oración.

Entonces, ¿cómo podemos crear una mentalidad donde veamos instantáneamente más humor en nuestras vidas diarias como resultado de tomar un ángulo diferente? Se trata de jugar en lugar de discutir, de entretener en lugar de conversar. Existen muchas maneras de ver estos dos modos de pensamiento.

El enfoque conversacional por defecto que muchas personas usan es para, por supuesto, discutir y conversar. No hay nada malo en ello, y desde luego puede llevar a revelaciones interesantes.

El problema es que se vuelve viejo muy

rápidamente y puede adoptar un tono más serio y sombrío si ese es tu acercamiento a una conversación. No es la manera ideal de fomentar entendimiento ya que puede ser una seca discusión sobre hechos y noticias, lo que no te dice nada sobre la personalidad de una persona y tampoco te permite mostrar la tuya.

Las personas discuten eventos actuales con colegas. Las personas juegan y entretienen a los amigos con historias personales. ¿Ves la diferencia?

La diferencia en mentalidad debería enfocarse sobre ser más juguetón, no tomar el valor nominal de las personas, y sin preocuparse por responder preguntas literalmente. Solo porque alguien te hizo una pregunta sobre el clima no significa que solo tienes permitido hablar sobre el clima.

¿Cómo puedes hacer esto?

Podrías pensar activamente cómo reaccionar a alguien de una manera juguetona. Imagina cómo reaccionarías si tuvieses cinco años y ese es verdaderamente un mejor acercamiento hacia una conversación juguetona que puede fomentar un buen entendimiento.

Si alguien te pregunta sobre el clima, ¿cuáles son las diferentes formas en las que puedes responder?

Podrías hacer preguntas tontas, podrías decir cosas solamente para ver cómo responden otros. Podrías crear hipótesis estrafalarias, puedes abordar al elefante en la sala, puedes dejar que tu monólogo interno sea leído y demás.

Generalmente puedes ver a la otra persona como alguien con quien bromear, opuesto a buscar una primera impresión profesional. No tienes que darles respuestas directas y exactas a las personas. Las personas usualmente son más atraídas a respuestas notables e interesantes. A menos que estés ofreciendo un informe oral, no es exagerado decir que siempre preferirían algo que atrape su atención en lugar de algo seco y preciso.

Recuerda que no estás buscando necesariamente absorber o expresar un conjunto de hechos ni extraer cierta información. En lugar de eso, tu meta es simplemente sentirte bien alrededor de las personas y, más importante aún, hacer que se sientan bien a tu alrededor. Con esto en mente, podemos fijar la base para compartir una buena charla ocurrente.

Cuidado con algo: asegúrate de responder en sí la pregunta de alguien. Puedes ser tanto cómico como informativo. Asegúrate de estar pendiente de la otra persona para asegurarte que no estás abusando de la falta de contenido real si lo están buscando.

La máquina de respuestas ingeniosas

Como un antiguo niño gordo, solía tener una extensa biblioteca de respuestas ingeniosas para esas encantadoras personas que disfrutaban señalar que de hecho yo era gordo.

O personas que no podían entrar a un auto conmigo por miedo a que este se volteara.

O que era tan grande que mi camisa marca Polo Sport cubría a un caballo de *verdad* (esta era bastante ingeniosa, lo admito).

Eso sí, yo no era tan grande, solo tenía un sobrepeso de veinte libras. Sin embargo, en algún punto, desarrollé un tipo de respuesta que nunca falló para callar a las personas y a ponerlos de mi lado gracias a una carcajada.

¿Sabías que también puedo usar mi camisa Polo Sport como paracaídas?

Mejor que pongas seis ruedas más en tu auto para mí.

Cuidado, me sentaré en ti y te sofocaré.

¿Cómo se componen estas líneas exactamente y por qué son tan efectivas?

Convertirte en una máquina de respuestas ingeniosas es más fácil de lo que crees, y es una de las mejoras tácticas conversacionales que puedes aprender. Esta técnica no solo asoma la cabeza al lidiar con insultos, es ampliamente aplicable una vez que aprendes el esquema. Si es una mala situación, una respuesta ingeniosa puede dispersar la tensión y devolver los niveles emocionales a un nivel normal. Si es una buena situación, entonces una respuesta ingeniosa podría hacerla incluso mejor.

Cualquiera que sea la situación, dominar las respuestas ingeniosas te generará el respeto de otras personas por tu inteligente ingenio. Solo necesita una línea; mientras más corta y contundente sea, mejor y más efectiva será. Mientras más larga sea la respuesta, menos contundencia carga.

Una respuesta ingeniosa hace muchas cosas simultáneamente. Hace que las personas se rían y los desarma mientras te permite parecer inteligente, conocedor y mentalmente rápido. También les muestra a las personas que eres tranquilo y puedes manejar las trabas que aparezcan en tu camino. Cuando la mayoría de las personas es insultada u objeto de burlas, responden con ira o tratan de restarle importancia. Con una respuesta ingeniosa, están mostrando a otros que tales observaciones no te perturban tanto como lo harían con otra persona.

Antes de adelantarme, déjame definir lo que es una respuesta ingeniosa.

El ingenio es una actividad espontánea. Puedes tomar un tema o afirmación y verlo desde un ángulo diferente de una manera que sea cercana pero innovadora. Por eso es que prácticamente disfrutaba la broma antes mencionada sobre la camisa Polo Sport, incluso si yo salía mal parado.

Las respuestas ingeniosas pueden ser hirientes, serias o completamente ligeras e inofensivas. Todo depende de ti. Puedes estar bromeando o puedes llevar una filosa espada. También puedes hacer ambas cosas. Si estás siendo molestado como a menudo me ocurría, una respuesta ingeniosa puede ser tanto divertida como puede ser una señal para otros de que deben dejar de molestar.

Lo que es complicado de las ocurrencias es que algo que puede ser divertido y completamente inofensivo para ti puede ser destructivo e hiriente para alguien más. Tienes que saber dónde está esa fina línea y cómo evitarla. A menudo todo se reduce a la manera en que respondas con una respuesta ingeniosa y las palabras que elijas para hacerlo. Decir lo mismo con una expresión seria o sonriente será percibido de maneras diferentes. Similarmente, es más probable que algunas palabras generen más tensión que otras. La forma de hablar importa y, si puedes dominar eso, es menos probable que seas malentendido.

Existen un par de trucos que puedes usar para que siempre tengas una respuesta ingeniosa en tu bolsillo lista para el lanzamiento, en lugar de veinte minutos después del encuentro.

Primero, al pensar en una respuesta ingeniosa, no lo hagas genéricamente.

No uses el "sé que lo eres, pero, ¿qué soy yo?", o "tu mamá también". Las personas juzgan una respuesta ingeniosa de acuerdo a lo original que sea; recuerda, se trata de creatividad espontánea. Usar algo que es tanto genérico como poco inteligente es evidentemente nada espontáneo ni creativo. No repliques con algo que hayas visto en una película o algo que funciona mejor en un contexto diferente. Y no uses respuestas ingeniosas que pensabas que eran graciosas cuando tenías diez. Esas ya no funcionan.

Segundo, no actúes como si no pudieras aguantar una broma.

Por supuesto, las respuestas ingeniosas necesitan una afirmación inicial a la cual responder.

La mayor parte del tiempo, las personas están bromeando cuando dicen algo negativo de ti en tu presencia. En cierto sentido, es un elogio porque asumen que tienes suficiente sentido del humor y la suficiente resistencia emocional para lidiar con eso. Las personas que *no son parte* de las bromas o de las provocaciones inocentes no tienen muchos amigos.

Si dejas que se vea que estás molesto o herido, arruinas el tono juguetón que podrías de otro modo mejorar con tu respuesta ingeniosa. Enfócate en el intento de la otra persona que hace el comentario; probablemente no quería herirte, incluso si accidentalmente terminó haciéndolo.

Por ejemplo, si alguien hizo una broma sobre mi gordura y me mostraba visiblemente molesto, probablemente dejarían de bromear al respecto… luego caminarían con mucho cuidado a mi alrededor por días. Cuando alguien está incómodo con algo, hace que otros estén incómodos también. Si eso ocurre repetidas veces, se vuelve claro que no tengo el sentido del humor y dejo que mi inseguridad infecte mis relaciones. Debes saber dónde trazar la línea.

Está bien ser el centro del chiste de vez en

cuando, pero si la repetida observación sobre una inseguridad en serio te molesta, no uses las respuestas ingeniosas para debilitar tu autoestima. Aunque podría disipar algo de tensión, también darás la impresión de un felpudo. Allí es donde entra en juego la discusión de los límites y el cotorreo ya no es apropiado. Pero eso es un tema para otro libro.

En líneas generales, lidia con la afirmación negativa inicial con una sonrisita irónica y con el conocimiento de que estás apunto de destrozarlos.

Tercero, usa el tono adecuado

Las mejores respuestas ingeniosas son entregadas con un 50% de indiferencia. Cuando entregas un 100% de emoción y 0% de indiferencia, adivina lo que pasa. Lo arruinas y tu respuesta fracasa. La indiferencia es el tono correcto porque las respuestas tienen que ver con tu actitud; imagina que eres James Bond dando una réplica ingeniosa luego de que un villano tratara y fallara al asesinarte. El 50% de indiferencia también se asegura de que no estás siendo muy agresivo o rencoroso. Es demasiado fácil que un poco de amargura y negatividad se escape en tu tono.

Una respuesta ingeniosa es el equivalente verbal al judo o aikido, usar las palabras del oponente en su contra. Si adoptas esa analogía, necesitas cierto nivel de indiferencia para contraatacar a tu rival. Sin embargo, decir algo con demasiada emoción o con el tono inapropiado traiciona el hecho de que te afectó la afirmación, haciendo que sea más difícil parecer indiferente.

Existen tres tipos de respuestas ingeniosas principales. Ninguna es mejor que la otra. Solo necesitas elegir el tipo con el que estés más cómodo.

Primer tipo: desacredita sus palabras.

Piensa sobre la elección de palabras de la otra persona y analiza rápidamente si hay otro ángulo o significado para esas palabras. Un enfoque sencillo es interpretar sus palabras como excesivamente literal o extravagantes. La clave es interpretarlas de una manera que sea favorable para ti para hacer parecer que te elogian en lugar de pisotearte.

Bob: *estás trabajando tan lento como un glaciar. ¡Muévete!*

Tú: [enfocándote en la palabra glaciar] *¿dices que soy fuerte y calmado bajo presión? Cierto.*

Tu trabajo es considerablemente más fácil cuando alguien usa una comparación como hizo Bob, pero en la ausencia de una, puedes enfocarte en lo que sea por lo que te estén menospreciando. Para tomar el mismo ejemplo, Bob dijo: "estás trabajando muy lento. ¡Muévete!"
Una manera en la que puedes responder es pensando en los beneficios de trabajar lento, lo que te llevaría a una respuesta parecida a "¡la tortuga siempre gana la carrera!". No solo te estás llamando tortuga de una manera juguetona, sino que también le aseguras a Bob que tu ritmo de trabajo

tendrá beneficios que el apreciará.

Segundo tipo: acepta y amplifica.

Para esta táctica, sigue el ejemplo de la manera en que Bob Esponja lidiaba con las palabras burlonas de Don Cangrejo cuando dijo "eso te hace ver como una chica". En lugar de sentirse dolido como le gustaría a Don Cangrejo, Bob Esponja pestañeó y dijo dulcemente "¿soy una chica linda?".

La idea aquí es aceptar sea cuál sea el insulto y luego realzarlo de manera absurda. Amplificas el sentimiento inicial a un grado que es ridículo. Esta era mi técnica predilecta para desviar los chistes sobre mi peso.

Por si olvidaste lo que estaba antes en este capítulo:

¿Sabías que también puedo usar mi camia Polo Sport como paracaídas?

¡Mejor que pongas seis ruedas más en tu auto

para mí!

Para otro ejemplo:

Bob: *tu comida fue bastante mala la última vez.*

Tú: *tienes suerte de que no te quedaras hasta el final de la noche, a todos nos lavaron el estómago. ¿Cena hoy más tarde en mi casa?*

Tercer tipo: usa una comparación excéntrica.

De hecho, esto está relacionado con el punto anterior y lleva la conversación a una atmósfera diferente y hace que ambas personas se rían por la rara y excéntrica imagen. Lo que hace que esto funcione es que la comparación, aunque es extrema, sigue siendo de alguna forma realista. Para usar el mismo sistema, aquí estás amplificando (para ti o para la otra persona) con una analogía.
Bob: *tu comida fue bastante mala la última vez.*

Tú: *cierto, debí usar los huevos como discos de hockey, ¿verdad?*

Las respuestas ingeniosas son el alma de la charla ocurrente, que no es más que tomar un elemento de lo que fue dicho y atacarlo desde un ángulo diferente sin fallar. Debes ser capaz de ver cómo esto puede evolucionar. Son réplicas instantáneas que no son hostiles ni combativas, mientras que abordan algo elegantemente. Y esta es una habilidad que puedes usar de muchas maneras, como vas a leer en la siguiente sección

Cuidado con algo: lucha con la tentación de soltar todas tus respuestas una tras otra. De nuevo, tienes que recordar que tu meta es que las personas gusten de ti. No estás tratando de probar un punto ni de proteger tu orgullo.

Solo estás tratando de evitar que tu conversación llegue a puntos incómodos y sufra una muerte prematura. Lanzar tus respuestas una tras otras puede matar el nivel de comodidad que hayas logrado crear porque te verás inseguro, a la defensiva y lleno de fanfarria.

Instiga una cadena de ocurrencias

¿Te has dado cuenta de que algunas personas parecen disfrutar al inventar divertidas ocurrencias con cada persona que conocen?

No es una coincidencia. Están haciendo exactamente algunas de las cosas en este capítulo para crear ese sentimiento a donde sea que van. Es más fácil de lo que crees, pero nuevamente, como muchas de las tácticas aquí, estarás utilizando músculos mentales que no has usado muy a menudo antes.

Habrá una ligera curva de aprendizaje y no debes esperar hacerlo perfectamente el primer par de ocasiones. Habiendo dicho eso, cuando de hecho lo captes por completo, verás las oportunidades que has estado perdiendo para interactuar con personas de ciertas maneras. Además, mientras más uses esta táctica, mejor serás en ella. Tus primeros intentos probablemente fracasarán, lo que puede ser vergonzoso, pero vale la pena seguir tratando para mejorar la próxima vez.

Una de las formas más sencillas de inyectar humor en cualquier tipo de conversación es cuando instiga y crea una cadena de ocurrencias. Una cadena de ocurrencias involucra a ambas partes y permite un intercambio juguetón que se siente colaborador.

¿Qué es una cadena de ocurrencias? Bueno, suena a algo como esto... y trata de encontrar el patrón que justo estabas usando en la sección previa de este capítulo.

A: "Es tremendo traje sastre el que llevas".

B: "Gracias, tuve problemas encontrando una falda que se adaptara a mis poderosos muslos".

C: "Ahora estás haciendo sentadillas con 250 libras, ¿cierto?"

D: "Casi 350 libras. Los perros me temen cuando camino cerca".

E: "Los podrías usar como pantalla en un autocine".

F: "Hice eso la semana pasada. La función doble pagó mi renta este mes. ¿Sabías que el diseño de esos rascacielos del centro fue inspirado por mis piernas?"

Eso es una cadena de ocurrencias. Puedes ver cómo la conversación fluyó y cómo ambas partes jugaron entre ellas. Fue un esfuerzo cooperativo y sonó como algo que podrías encontrar en un programa de televisión. De hecho, eso es en lo que la mayoría de nosotros pensamos al pensar en una charla ocurrente: nos movemos con el flujo y creamos una química conversacional.

Pero, ¿qué pasó exactamente allí y cómo puedes replicarlo? Demos un paso atrás por un segundo.

Una cadena de ocurrencias es notable

porque es divertida y no está basada en lo que dices como tal, sino en cómo te enfrentas a la otra persona. Si la otra persona comprende, entonces esto se vuelve mucho más divertido mientras más lejos llegues en la secuencia. La situación se vuelve más absurda, pero esa es la parte graciosa.

Rápidamente se vuelve aparente a todos los que escuchan que algo gracioso está pasando y querrán contribuir a la experiencia compartida. Un chiste fue iniciado, y ambas personas ***se mantuvieron dentro del chiste*** lo más que pudieron. Ten en cuenta que, así como es importante saber cómo instigar la cadena de ocurrencias, también debes terminarla y seguir en un momento adecuado antes de que la cadena se sienta más que exagerada y la conversación se estanque otra vez.

Cuando dices algo y otra persona construye algo encima de lo que has dicho, forjas un lazo instantáneo. Esto crea una comodidad instantánea entre todos los participantes.

Es como si alguien estuviese pasando una botella y compartiendo una historia. Se siente bien para todos porque sienten que son parte de algo y esto puede producir situaciones muy graciosas.

Si has ido alguna vez a un club de comedia o improvisación, la cadena de ocurrencias podría parecer familiar. Es esencialmente comedia improvisada, donde colaboras con la otra persona para crear una escena, o conversación en este caso. La comedia improvisada y la conversación realmente tienen la misma meta en general (entretener), así que no es de sorprender que las mismas técnicas funcionen para ambas cosas.

Si se hace apropiadamente, esta cadena de afirmaciones se vuelve más rara, más divertida y más estrafalaria. Todos los involucrados son responsables de esto y todos se retiran sintiendo que han trabajado en algo juntos. Por lo menos, tendrás un chiste interno sólido que puedes usar de base para más interacciones.

Una cadena de ocurrencias tiene varios elementos principales y unas cuantas reglas. Una vez que aprendas el mecanismo, estarás listo para las carreras y puedes ver qué acercamiento prefieres.

Primero, tienes que malinterpretar algo de alguna manera para entrar a la cadena de ocurrencias.

Eso es lo que fue la afirmación B (*Gracias, tuve problemas encontrando una falda que se adaptara a mis poderosos muslos*). No importa cómo lo malinterpretes, todo lo que estás haciendo es salirte del tema. También puedes hacer una suposición de la nada sobre la otra persona, exagerar algo sobre sus características o incluso crear alguna incongruencia. Alternativamente, como en este caso, puedes hacer que tú mismo seas el sujeto de la charla. Lo que es importante es que es una afirmación poco seria que la otra persona sabe que es una broma.

Has iniciado un chiste (no *creado* un chiste) y es una invitación para que tu compañero conversacional se una a la charla por encima de ese chiste. Recuerda, siempre tienes la opción sobre cómo quieres responder y hacer participar a otros.

Segundo, tienes que ver si la otra persona jugará contigo. Cuando haces una afirmación poco seria, o harán un comentario al respecto o volverán al tema como tal siendo discutido. Si deciden jugar, será con algo como la afirmación C (*ahora estás haciendo sentadillas con 250 libras, ¿cierto?*). Si no, se regresaran a la afirmación A (*es tremendo traje sastre el que llevas*).

Tercero, si juegan a la pelota contigo, ¡felicitaciones! Estás en una cadena de ocurrencias: reconocen lo que estás haciendo, están siguiendo el juego y ahora tienes que descubrir cómo seguirlo tú.

Entonces, ¿cómo haces esto? Usas las respuestas directas que te dan como base. Aceptas lo que dicen y haces tu aporte *exagerando y amplificando el sentimiento*. Eso es lo que la afirmación D (*casi 350 libras. Los perros me temen cuando camino cerca...) le hace a la afirmación C (ahora estás haciendo sentadillas con 250 libras, ¿cierto?)*, y así sucesivamente. Tomas el sentimiento principal de unos grandes muslos y haces que el interés sea cada vez mayor, jugando con este de manera creativa.

La manera más fácil de continuar la cadena es aceptando y amplificando, lo cual aprendimos antes. Tomas lo que dicen como cierto, lo aceptas y luego asumes que el sentimiento hiperbólico es cierto. Si alguien tiene grandes muslos entonces, para ti, tiene grandes muslos que fueron usados como modelo para diseños de rascacielos.

Si siguen contigo, harán algo similar y se *quedarán en el chiste*, eso es clave aquí. Te mantienes en el chiste que iniciaste y los llevó a hacer lo mismo.

Puedes continuar esto ad náuseam hasta que alguien se rompa, pero en ese punto, probablemente has creado como una hora de buena relación.

La cadena de ocurrencias puede ser divertida, pero depende de cómo comenzó y cómo procede. Todos los involucrados toman la decisión de decir "jajá, sí" o de hecho participar en la cadena.

Aquí tienes otro ejemplo de una cadena de ocurrencias:

Afirmación normal: *"oye, me gustan los colores de esa gata"*.

Afirmación malinterpretada para entrar a la cadena de ocurrencias: "entonces crees que ese gato es bastante sexy?"

Jugando a la pelota: "sí, quiero invitarlo a salir. ¿Crees que tengo oportunidad?"

Aceptando y amplificando: "totalmente. ¿A dónde lo llevarías? ¿A un lugar elegante?"

Más ocurrencias: "restaurante italiano. Algo de vino, algo de queso, quizás un lugar que ofrezca mariscos. Veamos a dónde nos lleva la noche. Los gatos son nocturnos después de todo".

Lo genial sobre la cadena de ocurrencias es que permite la burla mutua y resalta un poco el ingenio e inteligencia. Es un juego consumado. No se trata solo de exagerar lo que la persona anterior dijo, ya que cualquiera puede hacer eso. Lo que te hace un buen participante de una cadena de ocurrencias es cuando haces una afirmación que no solo es razonable, sino también divertida porque es creativa y crea referencias.

Como otro ejemplo, digamos que horneaste algo para un amigo y resultó ser muy dulce para su gusto. Una cadena de ocurrencias en esta situación podría ser algo como:

"¿Cómo están los muffins?"

"Está buenos. Una mordida es suficiente para reproducir las hormigas en mi flujo sanguíneo".

"¡Oh genial! Al menos ahora, cuando las personas pregunten por qué estás tan ansioso todo el tiempo, dirás que es por las hormigas en tu cuerpo".

"Claro, por eso me como tus dulces. Y no estoy tan preocupado; hoy en día hay bastantes avances en los estudios para los tratamientos de la diabetes".

"De hecho, esos muffins fueron específicamente ordenados en masa para uno de esos estudios para ayudar a conseguir más sujetos de prueba. Hablando de obrar por una causa".

No solo crean una interacción graciosa, están permitiendo que ambos bajen la guardia. Eso crea un momento alegre. Se crea también un lazo porque están colaborando entre sí.

Por más increíble que pueda ser este enfoque con humor, debes practicarlo un poco antes para asegurarte de que lo dominas bien. Practica exagerando afirmaciones que las personas hacen hacia ti. ¿Cómo puedes avanzar en términos de lo absurdo y excentricidad? ¿Cuáles son las consecuencias extremas de las afirmaciones de las personas? ¿De cuántas formas puedes decir que alguien tiene grandes muslos sin llegar a insultarlo?

Si alguien realiza una afirmación, ¿cuál es la consecuencia tonta e hiperbólica de llevar esa afirmación más allá de su conclusión lógica?

También es útil darse cuenta de que gran parte del tiempo estarás burlándote de ti y exagerando cosas negativas sobre ti mismo de formas ridículas. Tienes que soltar tu ego. Podrías ser insultado por cosas que la gente dice, pero recuerda que se supone que la ocurrencia debe ser alegre y divertida. Permítete ser el objetivo y exagera cosas negativas sobre ti mismo. Si te hace sentir mejor, te estarás insultando de formas tan ridículas que no podrían ser verdad ni llegar a lo más hondo.

Con la práctica adecuada y el enfoque correcto, una cadena de ocurrencias puede hacer que una conversación dure un rato largo, simplemente al aceptar y amplificar.

Ve más allá de lo literal

Si este capítulo tiene una lección hasta ahora, es dejar de tomar cada afirmación, pregunta u ocurrencia por su valor nominal. Deja de tomarlos tan literalmente y te encontrarás en conversaciones interesantes mucho más a menudo. Esto significa que debes ser capaz de encontrar diferentes significados detrás de una simple afirmación o pregunta, pero esto requiere entrar a una conversación con una mentalidad completamente diferente.

Es una mentalidad de jugar, explorar e iniciar chistes y comedia. La mayoría de las conversaciones en las que te encontrarás a diario son meros intercambios de información, son conversaciones con valor nominal que son principalmente aburridas y no fomentan muy bien el entendimiento.

Sé que esto podría parecer abstracto, pero así es como se ve cuando alguien está estancado en el modo literal y no puede ver más allá del valor nominal en una afirmación o pregunta. Ten en cuenta que estos son cuatro ejemplos separados y las afirmaciones en negrita están siguiendo el camino literal.

"Gasté una fortuna en la Apple Store hoy".

"¿Cuánto?"

"Él toca la guitarra como un dios."

"¿Qué canción tocó?"

"La cena de ayer hizo llorar a mis papilas gustativas".

"¿Dónde comiste?"

"Me gustó bastante ese discurso".

"A mí también, fue muy informativo".

Estas podrían parecer preguntas naturales de seguimiento, y lo son, pero existen diversas formas de responder a esas observaciones. Lo que pasa con los comentarios de arriba es que son muy literales y abordan el tema por su valor nominal. De nuevo, eso te ubicará en la ciudad de las charlas aburridas

Cuando alguien hace afirmaciones como esas, es una invitación sutil a participar en algo interesante, y también es una señal de que no quieres hablar necesariamente sobre el tema literal como tal. Quieren hablar sobre las emociones que se generan y están abiertos a participar en un chiste al respecto. Una vez que has identificado esta emoción, has una observación que malinterprete hasta un nivel absurdo o usa una historia que te involucre y exagera esa emoción. Han iniciado un chiste contigo, y sea que adoptes una posición literal o no, tienes la opción de continuar el chiste.

Cuando te mantienes en lo literal, pierdes oportunidades para una charla ocurrente todo el tiempo. Las personas subconscientemente inician chistes para ti y tú puedes iniciar chistes con las personas de la misma manera. Con algo de práctica, mejorarás no solo al reconocer las buenas entradas para las ocurrencias, sino también creando afirmaciones más allá de lo aparentemente ordinario.

¿Cómo podríamos responder a esas afirmaciones de una manera que pase a un chiste o contexto cómico? Todo lo que haces es seguir la dirección de la otra persona e ir con el flujo.

"Gasté una fortuna en la Apple Store hoy".

"Allí todo es tan caro que tuve que vender un riñón para comprar mi nuevo teléfono".

"Él toca la guitarra como un dios."

"¿Dirías que es más el estilo de Buda o de Ganesha?"

"La cena de ayer hizo llorar a mis papilas gustativas".

"Al menos no tuviste que comer tu propia comida. Una vez cometí ese error".

"Me gustó bastante ese discurso". [Imagina

que el tema del discurso era la crianza de caballos].

"A mí también, parece que el dinero está en los caballos, ¿no? ¿Cómo deberíamos llamar al nuestro?"

Así que, ¿qué hicimos allí para hacer que esas respuestas fluyeran y se volvieran una entrada para la charla ocurrente? Simplemente dimos respuestas que no son literales y que se mantuvieron 100% acorde al tono y flujo de las afirmaciones hechas.

Nuestros comentarios no fueron forzados y no parecían hacer un chiste descaradamente y esa es una pequeña pero importante diferencia. Tomamos una invitación para un chiste y la iniciamos, más no hicimos un chiste como tal.

Los chistes tienen estrictas estructuras; una base, contexto, un remate y la risa. Es usualmente bastante obvio cuando alguien está contando un chiste, incluso en una conversación normal. Eso significa que no hay normalmente un momento específico para que te rías, lo que es difícil de hacer si la broma no es divertida. Iniciar e invitar a alguien a un chiste no crea ese problema.

Todo lo que tienes que hacer es practicar pensando fuera de la caja. Una habilidad clave que sustenta esto es el arte de malinterpretar.

El arte de malinterpretar

Algunas de las situaciones más divertidas que he visto tanto en películas como en la vida real han surgido por simples malentendidos.

Bob malentendió lo que hace un proctólogo y programó cuatro citas, o Jenny malentendió que un calmante es un analgésico y no se administra de la manera que ella pensaba. ¿Cuál de esas afirmaciones es de la vida real y cuál de una película? Bueno, ambas son de la vida real.

Esas son instancias muy improbables. ¿No sería genial crear esos momentos cuando quisieras? Puedes tomar la dirección en lugar de esperar una oportunidad para surgir y esencialmente depender de la suerte.

Los malentendidos y malinterpretaciones son grandes fuentes de humor porque puedes jugar con dos conjuntos de expectativas y operar en el área verde entre ellos. En general, lo que está siendo malinterpretado es bastante mundano y la otra persona seguramente espera una respuesta seca a su afirmación. En lugar de eso, lo que se les ofrece es algo que no habían considerado, lo que despierta su curiosidad y los hace apreciar tu ingenio.

Algunas veces tienes que hacer intencional la manera de montar estos malentendidos tú mismo, y eso es el arte de malinterpretar: malinterpretar a las personas de una manera intencional para generar una situación cómica.

En otras palabras, hacerte el tonto o confundido y buscar a propósito un significado completamente diferente de lo que alguien ha dicho. Es una de las maneras más fáciles y rápidas de llevar la conversación a una naturaleza juguetona y romper el molde de la charla.

Piensa en ello como una transición desde un tema aburrido a uno más atractivo. Sea cuál sea la perspectiva que tomes, es simplemente un cambio para que ambas partes disfruten más.

La táctica de malinterpretar requiere que te mantengas dentro del personaje por un instante mientras lo haces. Extraña e ilógicamente, esto requiere que las personas crean por un instante que realmente quieres decir lo que dices. De otra manera, expresas mensajes mixtos y tus palabras no estarán acorde con el resto de tu entrega verbal y no verbal.

Luego de que ese instante haya pasado, se volverá obvio a través de tus palabras y tu forma de hablar que estás haciendo un chiste. Una sonrisa amplia y pícara es la mejor señal relevadora para esto.

Aquí tienes un ejemplo simplificado de malinterpretar: cuando alguien dice "me gustan los gatos", podrías responder, "¿para COMER?" Eso junto a un rostro en shock y unos ojos bien abiertos. Ese es el personaje que estás tratando de asumir.

Has malinterpretado a la otra persona al escoger no captar su contexto o intento. Imagina cómo interpretaría un extranjero esas palabras debido a su débil manejo del español. ¿A dónde va la conversación desde allí?

Es probable que se unan al cotorreo contigo y acepten, podrían decir "sí, pero solo los callejeros. Los gatos domesticados son muy gordos".

Aquí tienes otro ejemplo de cómo uno de mis amigos usó la malinterpretación intencional en una conversación. Una vez durante un viaje de campamento, yo estaba estupefacto viendo a un insecto peculiar que había aterrizado en mi pierna y exclamé "¿qué es esto? Nunca he visto algo como esto antes". Mi amigo se inclinó un poco para inspeccionar lo que yo estaba examinando, y entonces declaró, "sí, es una pierna". Mis otros amigos que presenciaron el escenario también empezaron a examinar sus manos, brazos y pies mientras actuaban fascinados mientras decían "oh, ¿qué es esto? Nunca he visto algo como esto, ¿y tú?".

Mis amigos malinterpretaron mi fascinación por el insecto a propósito y reaccionaron como si yo hubiese declarado un repentino asombro por el fondo de mi objetivo real, es decir una normal y aburrida pierna.

Malinterpretar es una de las maneras más comunes de crear situaciones cómicas. Es la base de muchas bromas porque es fácil tomar una situación y conducirla en la dirección que quieras. Te permite iniciar una broma dentro de la mayoría de las situaciones sociales.

También te ayuda a salirte de temas típicos y aburridos. Simplemente al elegir malinterpretar, puedes inyectar la perspectiva que quieras en una conversación en cualquier punto.

¡Esta técnica es liberadora y fortalecedora! No se vuelve obsoleta y puede ser muy útil para darle vida a conversaciones que de otro modo son genéricas o aburridas.

¿Cuáles son algunas maneras de malinterpretar de forma divertida?

Conclusiones exageradas

Aquí es donde malinterpretas algo que alguien dice y lo llevas a una conclusión extrema.

Exageras lo que dicen hasta cierto grado exponencial. Si alguien dice X, pretendes que dijeron X multiplicado por 100 y reaccionas acorde a eso.

Por ejemplo, cuando alguien dice "amo mi televisión", podrías responder con "¿entonces sus padres saben que están viviendo juntos antes de casarse?".

En lugar de decir "estoy de acuerdo", o salir con una afirmación del mismo tipo o con la misma intensidad de la afirmación original, toma la afirmación original, sácala de proporción y ponla en un contexto diferente.

Si alguien dice que un político tiene un buen punto, una exageración muy graciosa sería "sí, es el paradigma de la evolución política de este país, deberíamos usarlo para engendrar". Nota que la manera en que esta afirmación es entregada hará una gran diferencia con la manera en que es recibida. Incluso un mínimo tono burlón hace que esta línea parezca una reacción sumamente extrema. Pero, un comportamiento juguetón hará que obtengas una respuesta mucho más positiva. Aunque podría ser tentador mantenerse lejos de los chistes sobre temas controversiales como la política, a menudo son los que tienen más impacto.

Para resumir, malinterpretar se trata de llevar la afirmación de alguien a una forma absurda y exagerada.

Aquí tienes otros ejemplos:

Digamos que alguien comenta "¡ese café estaba horrible!", podrías responder diciendo "totalmente, el agua de la batería de mi auto sabe mejor".

Cuando alguien se lamente diciendo "mi escritura a mano es horrible", puedes burlarte de la persona respondiendo "sí, descifrar jeroglíficos sería más sencillo que tratar de entender algo de lo que escribes".

En respuesta a la línea "te llamo cuando llegue a casa", puedes decir "no sabía que se podía llamar desde Marte, pero está bien".

Lo que hace que esta forma de malinterpretar sea poderosa es lo absurdo de tu exageración. Deben ser tan absurda que ya no sea creíble. Allí es donde se origina el humor. Muchas personas meten la pata con esta técnica porque no exageran lo suficiente. Quedan en algún lugar entre la forma graciosa verdaderamente exagerada y la afirmación genérica.

Digamos que alguien declara lo siguiente: "tengo tanta hambre, sin duda me voy a comer toda esta comida". Si respondes con "sí, no hay duda de que puedes comerte esta tarta completa tú solo. No te preocupes, el resto de nosotros podemos encontrar algo más que comer", no estás exagerando lo suficiente para hacer que tu ocurrencia sea graciosa. Lo que es peor, si la persona de hecho *sí puede* comerse toda la tarta, entonces habrás creado una situación incómoda para hacer que la otra persona esté consciente de cuánto debería comer realmente.

Aquí tienes otro mal ejemplo. Imagina que alguien comenta "no he tenido tiempo para ir de compras recientemente". Si respondes diciendo "oh, por eso es que te has estado vistiendo de forma tan andrajosa últimamente", es probable que esa persona no lo tome como una jugarreta, incluso si esa era tu intención original. El problema aquí es que no has exagerado tu respuesta lo suficiente para hacer obvio que ambos deberían estar riéndose y no que eres el único riéndose de la otra parte.

En lugar de dar en el blanco, las respuestas de arriba fracasan y posiblemente provoquen cejas elevadas en el mejor de los casos, o sentimientos insultantes en el peor. Así que, si quieres usar esta técnica, asegúrate de exagerar y sacarla fuera de este mundo. De esa manera, es obvio para la otra persona que te estás divirtiendo y ambos pueden reírse.

Imagina si para esos malos escenarios de arriba, respondieras con "sí, sé que fuiste tú quien se terminó la casa de jengibre en Hansel y Gretel", y "oh, por eso últimamente te ves como un vagabundo". Es más fácil reírse de estas respuestas con la otra personas, ¿no? Aun así, recuerda abstenerte de elegir exagerar algo que a la otra persona podría importarle genuinamente.

Provocación juguetona

Aquí es donde malinterpretas lo que una persona dice para que sea negativa para esta persona. Asume que están haciendo una afirmación autocrítica y ponte de su lado.

Por ejemplo, cuando alguien dice "me encanta ver televisión", podrías decir "sí, pero sabes que la televisión no reemplaza a los amigos, ¿cierto?".

¿Qué hicimos aquí? Asumimos que se estaban lamentando por el hecho de amar la televisión y no tenían a nadie más con quién pasar el rato, así que la televisión era su única opción.

Malinterpreta que están siendo negativos y solo ponte de su lado.

Si alguien dijera "me encanta esta camisa", podrías responder diciendo "no te preocupes, iremos de compras por una camisa que *realmente* se vea bien". Tomas la crítica de la persona y la rediriges en su contra. Con las expresiones faciales adecuadas, esta afirmación no dará la impresión de ser un ataque. En vez de eso, se hará sentir como un buen chiste.

Otro ejemplo sería si alguien acota "las hamburguesas son suculentas aquí". Podrías responder diciendo "supongo que es entendible ya que has arruinado tus papilas gustativas al consumir nada más que cereal en el desayuno por años".

Finalmente, si alguien dijese "ella es mi cantante favorita", podrías responder diciendo "trabajaremos en tus gustos".

De nuevo, cuida tus expresiones faciales. Existe una fina línea entre bromear e insultar realmente a alguien. Asegúrate de que todas las otras señales que envías a través de tu lenguaje corporal, tono de voz, contacto visual, y expresiones faciales expresan el hecho de que estás bromeando.

No es necesario decirlo, pero debes ser cuidadoso sobre esto cerca de personas sensibles. Algunas personas, sin importar lo que digas, tomarán tus palabras como algo ofensivo y no podrán aceptar una ocurrencia juguetona. Probablemente sea lo mejor no usar esta táctica hasta que conozcas a las personas un poco mejor, y definitivamente no usarla sobre algo sobre lo que pienses que estén inseguros.

Si sientes que podrías haber ofendido a alguien sin querer, puedes seguir tu broma rápidamente con un elogio sobre la misma cosa por la que bromeaste. Para tomar el ejemplo de la camisa, si dices "iremos de compras por una camisa que realmente se vea bien", y la otra persona parece desalentarte por tu comentario, puedes cubrir el error diciendo "solo bromeaba, de hecho, necesito camisas que se vean tan bien en mí. ¿Todavía quieres ir de compras?". No solo has señalado de manera explícita que estabas bromeando, sino que también le diste vuelta a la situación haciendo una broma sobre ti mismo.

La otra manera de usar la provocación juguetona es asumir que *ellos* te están insultando y siendo negativos sobre ti. Luego solo reaccionas a eso y actúas como si te estuvieses defendiendo.

Tomemos los ejemplos de arriba, "ella es mi

cantante favorita" y "me encanta esta camisa". Malinterpretar como si *ellos* te estuviesen provocando *a ti* sonaría a algo como: "lo sé, mis oídos no sirven porque no es mi favorita", y "entonces dice que nunca podría lucir esa camisa?".

Si todo lo demás falla, puedes simplemente actuar sorprendido por las palabras y hacer un escándalo a pesar de que la persona haya dicho algo sin importancia. Por ejemplo, cuando alguien dice "me encanta ver televisión", entonces puedes decir "oh dios, ¿¡televisión!?".

Otro ejemplo es cuando alguien dice "esa camisa es horrible", tú dices "¿terrible? ¿¡Estás loco!?".

La conclusión es que malinterpretar es algo que subvierte las expectativas de la gente. Rompe el patrón de la conversación y la anima. Si se ejecuta correctamente, puedes sacudir a las personas y sacarlas de su genérico patrón de conversación y así resaltar tu sentido del humor. Enfócate en tu comportamiento, forma de hablar y expresiones para tener un efecto óptimo.

Y, como puedes ver, es bastante fácil entrar y salir de los temas de conversación usando esta técnica.

Enseñanzas:

- Este capítulo te enseñará cómo ser una máquina de respuestas ingeniosas. Si eres el tipo de persona que piensa en respuestas inteligentes veinte minutos luego de que termina una conversación, las técnicas planteadas aquí te ayudarán a crearlas más rápido. Es un asunto de pensar de manera no literal, no convencional, y no lineal; así como de darte cuenta que una conversación es una oportunidad para jugar en lugar de una difusión de información.
- Si alguien se está burlando de ti, existen dos métodos que puedes usar que te ayudarán a inventar una respuesta ingeniosa. Puedes tomar eso por lo que se están burlando y exagerarlo al punto de lo absurdo, o

señalar un efecto secundario divertido pero positivo de eso por lo que se burlan de ti.
- Al inventar respuestas, es importante usar el tono adecuado y actuar como si pudieras soportar una broma. A nadie le gusta un mal perdedor, y querrás indicar que estás bromeando a través de tu comportamiento y tus expresiones. Sonríe irónicamente luego de dar tu respuesta y usa un tono que exprese indiferencia en lugar de molestia.
- Nuestros siguientes trucos están basados en el arte de malinterpretar. La cadena de ocurrencias es una serie de intercambios que depende de que malinterpretes un comentario ordinario mientras que la otra persona sigue el juego. Tu presentas una malinterpretación deliberada y, si muerden el anzuelo, ahora has ingresado algo que puedes llamar cadena de ocurrencias y puedes continuar subiéndole el nivel.
- Otra técnica que depende de la malinterpretación es la conclusión

exagerada. Aquí, básicamente tomas una declaración y la exageras exponencialmente para salirte de lo ordinario y entrar a algo parecido a un juego. Nuestro último truco de malinterpretar es la broma juguetona, donde provocas un poco a tu compañero de conversación usando bromas y ambos terminan riendo.

Capítulo 4. Gracioso a voluntad

Si hay un tema que espero que hayas aprendido hasta ahora en este libro, es que para ser divertido no siempre tienes que intentar de manera activa ser entretenido o contar chistes como un comediante de standup.

Si tratas constantemente de mandarte un chiste, hacer conexiones y crear lemas, es bastante probable que des la impresión de ser alguien más odioso que divertido. Como hemos visto en los capítulos anteriores, no todo el ingenio y humor es así. Mucho de lo que hace que una observación sea divertida e ingeniosa es el hecho de que es inesperada. Sin embargo, si las sueltas constantemente, las cosas se pueden volver predecibles e incluso molestas porque tu comportamiento se presta para dar la impresión de que te estás esforzando mucho.

Este libro está enfocado en hacer que tu personalidad sea más ingeniosa de manera natural. Piensa en alguien con unos destellantes zapatos rojos y cuya camisa favorita tiene a dos cebras caricaturizadas peleando. No está tratando de ser divertido, solo tiene una disposición y enfoque hacia la vida que podría ser más favorable a ser naturalmente cómico. Él describiría una tarta en términos de deliciosidad en lugar de sabor.

Imagen vívida

Para ser divertido, no tienes que tratar de serlo intencionalmente. Puedes usar imágenes vívidas y estrafalarias para describir lo que ves y hacer analogías.

Estás leyendo este libro en español y, en el idioma español, existen palabras que son superiores a otras en términos cómicos. Podrías decir que alguien es "divertido", pero también podrías decir que "hace que te duelan las mejillas de tanto reír".

Usas un idioma flojo y sin inspiración a diario, y parte de ser más gracioso es reemplazar lentamente esos términos y frases comunes con unos más llenos y coloridos. Podrías llamar a alguien "estúpido", pero también lo podrías llamar "bufón" o "bobo", palabras objetivamente más raras y tontas, pero menos directamente insultantes que "estúpido".

Otros ejemplos de palabras que son divertidas por naturaleza, o al menos inusuales, son:

- Lago Titicaca (un lago de verdad)
- Gamborino
- Descuajaringar
- Pringue
- Paparruchas
- Galimatías

No es que debas usar estas palabras específicamente, pero definitivamente hay un rango de palabras más creativas que puedes añadir a tu lenguaje diario. El primer paso aquí es darte cuenta de que naturalmente hablamos de una manera aburrida y sumamente suavizada. Las alternativas como las de la lista de arriba no solo suenan más divertidas, llenan nuestras mentes con imágenes divertidas y pensamientos de frutas, de lagos, etc., que no están para nada relacionados con el contexto en el cual está siendo usada la palabra.

A nuestro vocabulario y sentido imaginativo diario les falta algo, y necesitamos reparar eso para volvernos más interesantes y divertidos sin un esfuerzo visible. ¿Recuerdas en tus clases cuando aprendías palabras del vocabulario de cuatro y cinco sílabas?

Las arrojabas a tu vocabulario sutilmente para hacerte sonar más inteligente y erudito. ¿Lo ves? Lo acabo de hacer.

Si te comprometes a usar parte de tu vocabulario y piensas por un instante extra al describir cosas, estos pequeños cambios pueden hacer una gran diferencia sobre cómo eres percibido. Alguien que "baile gracioso" es apenas un bip en nuestra pantalla, pero alguien que "baile como un gorila cocinando un omelette" capta nuestra atención de inmediato.

Uso Nro. 1

El primer paso es destruir los adjetivos normales en tu vocabulario y reemplazarlos con algo sobre lo que tienes que pensar. Otras personas seguramente no han pensado sobre tus ejemplos y el resultado será inesperado.

Si quisieras decir que tu fin de semana estuvo "bien", ¿cuál sería una forma mejor y más descriptiva de hacerlo?

Bien -> imaginativo -> espléndido -> como un gran Bloody Mary -> mejor que usar el baño después de un largo viaje -> casi tan bueno como Navidad por la mañana.

Si quisieras decir que amas el café, ¿cuál sería una forma mejor y más descriptiva de hacerlo?

Amo el café -> es parte de mi alma -> me muero sin el café -> mi sangre es 50% cafeína -> me bañaría en café si pudiera -> tomo tanto café que mi orina también parece café.

¿Ves la diferencia?

No es difícil, pero tampoco es sencillo inventar algo así al momento. Esta es una mentalidad que tienes que cultivar de manera activa. Cada vez que te topes con un adjetivo común, piensa en qué otros sinónimos podrías usar para darle una respuesta descriptiva a las personas.

Cuando usas mejores palabras y frases, harás que las personas reaccionen a ellas porque estás diciendo mucho más que solo las palabras y frases como tal. Si tienes problemas para encontrar buenas alternativas, siempre puedes recurrir a usar analogías. Como en el primer ejemplo de "bien", podrías usar "tan bien como...", idealmente con una comparación que invoque una imagen común.

Como otro ejemplo, si tuvieses que pensar en una alternativa para "mal", podrías usar "tan malo como el séptimo círculo del infierno".

Uso Nro. 2

Otra manera de inyectar una imagen vívida y estrafalaria a tu habla diaria es simplemente describiendo observaciones, acciones y objetos de una manera creativa y poco convencional.

Por ejemplo, la comediante Amy Schumer tiene un gran ejemplo de esto cuando describe sus posiciones para dormir. Ella *podría* describir la forma en que duerme como "desordenada" o "rara". Ella podría incluso subir un nivel y decir que duerme como un "pretzel sin sal".

El pretzel sin sal te da una imagen mental, pero ella hace algo mejor.

Ella describe su posición para dormir diciendo "como si cayera desde la cima de un edificio" o "en forma de esvástica".

Allí está tu imagen mental instantánea, la cual ahora tiene añadido el inteligente humor de combinar dos conceptos muy diferentes (dormir y esvástica, dormir y caer de un edificio).

Otro ejemplo de esto es de PJ O'Rourke, quién describe sus experiencias con la milicia local en Filipinas, incluyendo la interacción con un pequeño policía que lo dejó pasmado.

Él describía al policía como alguien intimidante y aterrador, pero también diminuto. Su frase exacta era: "parecía un hámster de ataque".

Incluso si no estás tratando de ser gracioso, solo la manera de inventar analogías en contraste y comparar conceptos diferentes puede generar descripciones graciosas.

¿Cómo dominas el arte de las descripciones graciosas?

El primer paso es intentar disociar el significado de lo que ves y enfocarte solo en los elementos y rasgos que están frente a ti.

Por ejemplo, en el caso de PJ O'Rourke, tendrías que disociar que estabas viendo a un policía, y enfocarte en los elementos y rasgos del oficial de policía.

Era pequeño, diminuto, aterrador, intimidante, poderoso, feroz, autoritario, serio, severo y élfico.

¿Cuáles serían dos conceptos distintos que encajarían con la descripción de arriba?

O'Rourke identificó a un animal pequeño, un hámster y también jugó con el hecho de que esta persona tenía una fuerte capacidad física y militar para atacar. Cuando pones esos dos conceptos juntos, puedes inventar una graciosa imagen de un hámster de ataque.

Este tipo de humor en serio estira tu imaginación y creatividad. Eres forzado a buscar en tu mente a qué se relacionan los elementos básicos y a qué se parecen en un nivel físico. Estas raras combinaciones crean imágenes divertidas como la descripción de Amy Schumer de dormir.

Otro ejemplo es cuando un personaje en la película *Avengers: Endgame,* le dice al Thor gordo "te ves como un helado derretido". La imagen mental que tal elección de palabras evoca es instantáneamente llamativa y divertida y deriva mucho de su humor al parecido fácilmente reconocible de un "helado derretido" con la silueta de Thor. Vale acotar que deberías tener cuidado al usar esta técnica para hacer comentarios sobre el peso de alguien en una conversación. Ten en cuenta que la sensibilidad tiene una gran importancia en las situaciones sociales.

¿Cómo podría aplicarse la creación de imágenes vívidas en tus conversaciones diarias? Digamos que alguien te preguntó cómo estás luego de una experiencia de excursionismo bastante severa. Podrías salir con la usual frase "estoy muy cansado", o podrías engalanar tu respuesta diciendo "mis pies son bultos de natilla y mis rodillas se sienten como bisagras chirriantes sin aceite". Si quieres decirle a alguien "hacía tanto calor ayer", podrías optar por una línea más estimulante como "ayer la tierra se movió para tomar el puesto de Mercurio junto al sol". Las imágenes vívidas que crean estas afirmaciones en la mente de tus oyentes seguramente mantendrán la monotonía al margen.

Otro gran beneficio de este enfoque humorístico en particular es que necesariamente incrementa tu vocabulario. También ejercita tu pensamiento creativo al pensar en analogías y conexiones raras al momento. Compara esto con simplemente decir las mismas palabras una y otra vez, como pasa con "bien" y "mal", lo que te deja como una persona con poca imaginación y alguien bastante soso.

Uso Nro. 3

La última manera, y quizás una manera más imprecisa, para usar mejor la creación de imágenes vívidas es usar referencias de la cultura popular y reemplazar adjetivos. Mientras más ampliamente conocida sea la referencia, mejor la broma.

Sin embargo, algunas personas no captarán la referencia en absoluto y no sabrán de lo que hablas. Por esta manera puede ser un poco imprecisa.

Esto es muy sencillo. Vamos a elegir una referencia bien conocida: la corrupción de los Juegos Olímpicos. No es algo sobre lo que las personas conozcan detalles, pero es algo que la gente usualmente sabe que existe.

¿Qué rasgos le asignarías a esta referencia? Corrupción, injusticia, inequidad, engaño, ardid, y más.

Puedes usar estos rasgos de la referencia para describir cosas, como "ese cajero me dio un billete de un dólar en lugar de uno de diez. ¿Trabaja para las Olimpiadas o qué?".

Estás reemplazando la palabra "corrupto" por una referencia de cultura popular, una manera más descriptiva, oportuna y vívida de hablar.

Usemos otra referencia bien conocida: la serie *Game of Thrones*.

Usa los rasgos del programa de televisión para describir algo; en este ejemplo, "adictivo": "esta tarta de pulpo es casi tan adictiva como ver *Game of Thrones*. Es increíble".

La clave es conseguir que las personas visualicen las referencias y se rían por la desconexión.
Con eso dicho, asegúrate de que las referencias que uses son apropiadas. Vale la pena dedicarle algo de atención a las edades y contextos de las personas con las que estás hablando. Por ejemplo, una tercera referencia de la cultura pop extremadamente común que es usada con frecuencia es "¡eso es lo que ella dijo!", de *The Office*. Aunque es una gran manera de

hacer juegos de palabras sexuales con nada más que afirmaciones aleatorias entre amigos, un entorno más formal podría hacer que parezca desagradable.

También puedes usar referencias para describir a las personas en tu círculo social de una manera más interesante. En lugar de decir que tu pequeño sobrino es habilidoso, podrías decir "¡la manera en que arma sus juguetes dejará a MacGyver en ridículo!". Claro que, ten en cuenta que cualquiera que haya nacido después de los 90 podría no entender esta referencia tan bien. Aquí es donde tu conocimiento sobre diferencias por generación entra en juego; trata de ajustar tus referencias de acuerdo a la edad de la persona con la que estás hablando. De esa manera, aumentas la probabilidad de que tu referencia de en el clavo en lugar de fallar estrepitosamente.

Solo toma un poco de esfuerzo comenzar a reemplazar las palabras y frases en tu vocabulario para sonar como una persona completamente diferente. Desafortunadamente, solo tenemos una oportunidad para dar una buena primera impresión, ¡así que haz que valga la pena! Si miras algún programa de televisión o película relativamente popular, también puedes usar las referencias que consigas allí porque es bastante probable que alguien más las haya escuchado. Con algo de suerte, no solo darás la impresión de ser alguien divertido, sino que, si la otra persona también es fanática, tendrás algo sobre lo cual formar un lazo.

La regla de tres

La regla de tres es una de las formas de hacer bromas más sencillas y reconocibles del mundo.

Podrías no haberte dado cuenta, pero has escuchado la regla de tres muchas, muchas veces en tu vida. ¡Es hora de que aprendas a usarla de manera efectiva!

Antes de adentrarnos en los mecanismos y pasos, aquí tienes un ejemplo rápido de la regla de tres.

¿Sabes cuál es mi parte favorita del café? El impulso de energía, el aroma y el efecto amarillento en tus dientes.

La regla de tres obtiene su poder del hecho de que las personas han sido condicionadas de muchas maneras para procesar la información y esto tiene especial significancia en los grupos de tres.

Piensa sobre dónde existe este patrón de tres en nuestras vidas. Está en todos lados.

Los Tres Cerditos. Las tres leyes de la física de Newton. Ricitos de oro y los tres osos. Las tres partes de un chiste. Las tres fases de una historia. Destiny's Child. *Los Ángeles de Charlie.* Kirk, Spock y el Dr. McCoy. Los Tres Chiflados. La Santísima Trinidad.

Hay algo sobre el número tres y cómo el cerebro se organiza.

Una vez que comienzas a buscar, verás que está en todos lados. Por una buena razón, también es el método que los expertos en gestión usan de manera más efectiva para enseñar y divulgar información. Por ejemplo, el reconocido experto en liderazgo, Kevin Kruse, es conocido por solo dar a las personas tres piezas de información al mismo tiempo. De esta manera, las personas pueden mantener su enfoque y no distraerse. Algunos argumentan que, si no puedes reducir algo a tres puntos principales, no es un argumento intrínsecamente sensato.

Incluso lo puedes poner de esta manera: el cerebro humano es verdaderamente capaz de retener más, pero para el mayor impacto, sea comedia o no, tres funciona mejor.

Ese es el trasfondo de por qué esta técnica es de hecho una regla de *tres*.

Cuando haces una lista de tres cosas, generalmente haces una lista de tres cosas similares. Podrían incluso ser sinónimos. Por ejemplo, podrías describir a una mujer como sexy, linda y bella; o un nuevo tipo de auto como fascinante, genial e innovador.

Cuando haces cualquier tipo de lista, creas una expectativa de que estarás realzando el sentimiento y usando la lista para enfatizar un punto en general. Las personas esperan solo una línea directa de pensamiento.

La regla de tres sorprende a las personas porque donde podrían esperar que una lista contenga solo un sentimiento, la regla de tres contiene dos y los dos sentimientos no podrían ser más diferentes.

Los primeros dos elementos son algo esperado y en el mismo plano. Son relevantes entre sí y fluyen naturalmente: el tercer elemento es el que le da la sorpresa al oyente. La tensión del aumento gradual es liberada y la sorpresa hace que la gente se ría. De nuevo, lo que hace que esto funcione es la naturaleza sorpresiva del tercer elemento.

Saquemos esto de lo abstracto a lo concreto por un momento: los primeros dos elementos serán positivos y el último elemento será negativo, o viceversa. Ahora podemos continuar con menos confusión.

Un ejemplo famoso de la regla de tres es de Mark Twain, hecho como referencia a los datos del gobierno y cómo analizarlos: "existen mentiras, malditas mentiras y las estadísticas".

Todos odian que les mientan. Nos llena de ira cuando las personas en un gobierno, o aquellos que se aprovechan de la influencia del gobierno, mienten para beneficiarse. Estamos tan molestos que seguimos con la parte de "malditas mentiras" porque es más de la misma traicionera manipulación del público. Estamos enfurecidos. Esperamos que la última parte de esta lista aporte a la epifanía de la corrupción algo como "las mentiras que no te dejan dormir por las noches".

Esa es la conclusión lógica, ¿cierto?

En lugar de eso, somos lanzados a un bucle cuando Twain menciona estadísticas. Las estadísticas son lo opuesto a mentir, asumiendo que no estén siendo manipuladas o que sean falsas. Las personas por instinto creen en las estadísticas. Por consiguiente, este es exactamente el sentimiento opuesto de los primeros los elementos del triple de Twain.

Aquí tienes otro ejemplo de la regla de tres por el comediante Chris Rock: "solo hay tres cosas que una mujer necesita en la vida: comida, agua y elogios".

Esa cita es divertida porque la comida y el agua van de la mano. El sentimiento está basado simplemente en el sustento y las necesidades humanas. Usualmente, cuando las personas dicen que solo necesitan tres cosas para sobrevivir, el tercer elemento que las personas probablemente anticipan es el aire o un refugio.

Chris Rock rompe tu sentido de anticipación y expectativa al completar su triple con "elogios", lo que es un pequeño golpe contra las mujeres, así como un sentimiento opuesto a las necesidades humanas básicas.

En el programa de televisión *The Big Bang Theory*, Sheldon Cooper también nos brinda un ejemplo de regla de tres mientras mastica un kebab de cordero: "que gran civilización es la de los griegos... nos dieron ciencia, democracia... ¡y pequeños cubos de carne quemada que saben a sudor!".

Las primeras dos contribuciones griegas que menciona, ciencia y democracia, son ambas positivas. Luego sigue con un comentario negativo sobre la comida griega, lo que dio cabida a las risas de la audiencia ya que fue un giro inesperado desde una línea de pensamiento positiva.

Aquí tienes otro ejemplo del comediante Jon Stewart, antiguo presentador de *The Daily Show*: "celebré el día de acción de gracias de una manera anticuada. Invité a todos en el vecindario a mi casa, tuvimos un enorme festín y luego los maté y tomé sus tierras".

Dos positivos y uno negativo. ¿Ya estamos viendo el patrón?

Jon Stewart se burla de la historia de los nativos americanos y los colonizadores europeos en Estados Unidos. Cuando los primeros colonizadores ingleses llegaron a Nueva Inglaterra, pasaron un momento duro que casi los lleva a morir de hambre. Fue solo cuando los nativos americanos les mostraron cómo recoger las bayas correctas, preparar la comida correcta y sobrevivir en ese ambiente cuando fueron capaces de acumular suficiente comida y la colonia sobrevivió.

Para conmemorar eso, los Estados Unidos han celebrado el día de acción de gracias de una u otra forma desde 1863. Stewart se ríe de ese día de acción de gracias tradicional en el contexto histórico y también les recuerda a las personas sobre la violencia contra la gente nativa que acompañó la colonización de los Estados Unidos. Dos positivos y uno negativo.

¿Cómo haces que la regla de tres funcione para ti?

Paso uno: piensa en tu asunto o tema.

Esto puede ser cualquier cosa que posea dos características opuestas. La mayoría de las cosas tiene al menos una cualidad positiva y una que es o negativa o puede ser exagerada de manera que haga un buen contraste con la cualidad positiva. Como hemos visto, pueden ser diferentes comidas, géneros, ocasiones, etc. Para este ejemplo, usaremos el tema del café.

Paso dos: busca dos cosas positivas o dos cosas negativas.

Busca dos cosas que estén relacionadas con el café de maneras positivas y negativas.

Por ejemplo, ser energético, despertar, tener una rutina, el aroma; estas son generalmente descripciones positivas en las que podrías pensar cuando piensas en café. Ten en cuenta que estas son cosas que todo el mundo acepta como buenas sobre el café. No todo el mundo podría estar de acuerdo con que el sabor del café es una descripción positiva, pero el aroma y la energía son rasgos en los que la mayoría estará de acuerdo.

Paso tres: busca una cosa negativa o una cosa positiva.

Tú ve por la ruta opuesta, el sentimiento opuesto de lo que buscaste en el paso dos.

Entonces, ¿qué hay negativo sobre el café? Esto establece el contraste. Dientes manchados, mucha cafeína, carteles de droga, adicción y derramarlo sobre ropa blanca.

Paso cuatro: únelo todo.

"Tomo café cada mañana. Me encanta el aroma, cómo me despierta y cómo siempre parece que lo derramo en mis camisas blancas".

¿Ves la acumulación de anticipación y expectativa mediante los primeros dos elementos, y cómo luego es completamente revertido con el último elemento?

Aquí tienes otro ejemplo ahora que ya hemos pasado por el proceso una vez. Esta vez, vamos a deconstruir la regla de tres: "me encanta todo de ella. Su sonrisa, su sentido de la moda y cómo nunca tiene idea de dónde quiere cenar".

Tomas a una persona, y comienzas con dos cosas positivas, luego reviertes la emoción y pasas a lo negativo.

No esperes lograr un jonrón la primera vez que pases al plato con este enfoque cómico. Puede ser dominado luego de un poco de práctica. Mantenlo simple y trata de pensar en términos de blanco y negro, negativo y positivo.

Una vez que te vuelves bueno con la regla de tres, podrás formarla al momento. Esa es una de las mejores partes, puedes buscar dos aspectos positivos mientras revuelves tu cerebro buscando el tercer aspecto, el negativo, todo espontáneamente.

Amagos por doquier

Amagar es cuando dices algo y luego procedes con su opuesto directo. Por ejemplo: "es un secreto, pero te lo diré inmediatamente", o "ese programa es genial, excepto por todos en él".

Parece confuso, pero lo que estás haciendo es romper una oración en dos partes.

Afirmas algo en la primera parte, luego lo contradices inmediatamente en la segunda. Las personas no estarán inmediatamente seguras de lo que quieres decir y parte del humor viene de esta confusión presentada. Tienes tanto positivo como negativo, o viceversa, en la misma oración.
La segunda parte de la oración es el elemento al que las personas reaccionarán, mientras que la primera parte es típicamente el entorno. La segunda es tu verdadero sentimiento sobre el tema.

Esta fórmula es el secreto para el humor en líneas como la de George Jessel cuando dice "el cerebro humano es un órgano maravilloso. Comienza a funcionar desde el momento en que naces y deja de hacerlo a la hora de dar un discurso". Douglas Adams también la usó cuando dijo "me encantan las fechas límite. Me encanta ese zumbido que hacen al pasar volando". Aquí tienes otro ejemplo: "me encantan los perros, pero odio ver, escuchar y tocarlos", o "este jugo está genial. ¿Vino de la basura?".

¿Por qué funciona el amago?

La mayoría de nosotros tratamos de ser amables con las personas. Usamos eufemismos frecuentemente y no decimos lo que realmente sentimos. La primera parte de una afirmación de amago es lo que espera la gente, amabilidad. Luego, te contradices y les das una dosis de realidad, lo que fija el contraste humorístico ya que te has desviado de lo que la mayoría de las personas espera y diría. Como puedes haber observado, las comparaciones irónicas también hacen uso del amago para derivar un efecto cómico.

Por último, pero no por eso menos

importante, el amago es una forma de expresar tus sentimientos sobre algo. Si realmente sientes X sobre un tema, ¡usa el amago! "Lo opuesto de X, pero X en fin" casi siempre será mucho mejor recibido que "diablos, odio X".

El sarcasmo es una forma para que las personas digan cosas sin decirlas, y es la manera más común de usar el amago.

Piensa sobre cómo habla Chandler Bing, del programa de televisión *Friends*. Si dice que algo es maravilloso, dice que es *maravilloooso* con un tono que te hace saber de inmediato que piensa lo opuesto.

El sarcasmo funciona como una señal social, ambas son maneras de expresar algo sin decirlo de manera explícita. En cierto modo, es un gran mecanismo para lidiar con temas incómodos o para señalar al elefante de la sala sin ofender directamente a las personas (ni señalarlas per se). Nos permite caminar por una cuerda floja mientras no caigamos en el hoyo pasivo-agresivo.

En cierto nivel, la mayoría de nosotros puede apreciar el sarcasmo porque sabemos lo que se está logrando. Puede incluso ser la base de tu propia marca personal de humor. Los comediantes de standup a menudo lo usan consiguiendo un gran efecto.

Es posible que ya estés usando el sarcasmo regularmente sin estar consciente de ello. El sarcasmo es principalmente usado como parte de un cotorreo amistoso con un amigo o conocido con quien estés cómodo diciendo algo negativo. Por ejemplo, imagina que has metido un poquito la pata en el trabajo, como que se te olvidó entregar un expediente prestado cuando era previsto. Si un colega cercano bromea al respecto, podrías responder con algo sarcástico como "oh sí, ¡esto es escandaloso! ¡Esto de seguro estará en la primicia mañana!", pero si es tu estricto jefe el que te convoca severamente, probablemente no harás un anuncio sarcástico en respuesta

El sarcasmo es usualmente usado para burlarse de alguien o algo y depende muchísimo del contexto y la audiencia. Si estás alrededor de alguien que disfruta las ocurrencias y un sentido del humor sarcástico, será bien recibido.

Pero alrededor de otros que no comparten el mismo sentido del humor, son menos seguros, o no les caes bien, es muy fácil para ellos interpretar tus intentos de un humor sarcástico como un insulto total. Podrían pensar que eres un imbécil ofensivo. Eso no es lo que buscas.

Usarlo en el contexto inapropiado causará que las personas piensen que te falta empatía, o peor, que te complace herir los sentimientos de otras personas. Habrá otros que simplemente no entenderán el sarcasmo, sin importar lo obvio que lo hagas. No se sentirán ofendidos, pero sí muy confundidos. Quieres evitar ambos resultados.

Sin embargo, escoge el contexto correcto y el sarcasmo puede volverte alguien más agradable y carismático. También hace que la gente se vea inteligente y ocurrente. En algunos círculos sociales, los niveles apropiados de sarcasmo no solo son bienvenidos, sino requeridos.

Ahora que tienes una idea más clara sobre el contexto apropiado para el sarcasmo, el siguiente paso es articular los elementos para asegurarte de que no solo estás ofendiendo a las personas aquí y allá en tus intentos por fomentar una buena relación. Si tu molesto compañero de trabajo entendió mejor el sarcasmo, podría ser tan divertido como piensa.

Para la mayor parte, **el sarcasmo es decir lo *opuesto* de (1) un hecho objetivo, (2) una emoción subjetiva o (3) un pensamiento subjetivo.**

Hace que una afirmación contradictoria sobre una situación enfatice o minimice su efecto.

Hecho objetivo: Bob juega constantemente Tetris en el trabajo.

Comentario sarcástico: *Bob, eres el hombre más ocupado que conozco.*

Emoción o pensamiento subjetivo: es graciosísimo que Bob juegue Tetris en el trabajo constantemente.

Comentario sarcástico: *Bob merece una medalla como trabajador del año.*

Aquí tienes otro ejemplo.

Hecho objetivo: hay una sorpresiva cantidad de tráfico últimamente.

Comentario sarcástico: *¿qué vamos a hacer cuando lleguemos súper temprano a nuestro destino?*

Emoción o pensamiento subjetivo: odio demasiado el tráfico.

Comentario sarcástico: *este tráfico es la mejor parte de mi día.*

Ese es el primer y más común uso de sarcasmo. Ahora vamos a preparar el esquema para diferentes tipos de sarcasmo y exactamente cuándo y cómo puedes usarlos. Te sorprenderás de lo formulado y metódico que puedes ser con esto y posteriormente con el humor.

Cuando alguien dice o hace algo muy obvio, tú respondes al decir algo igual de obvio.

Bob: "ese camino es muy largo".

Tú: "eres muy observador".

Bob: "¡hoy hace demasiado calor!"

Tú: "Veo que eres un meteorólogo en entrenamiento".

Bob: "¡este menú es inmenso!"

Tú: "¡Me alegra saber que aprendiste a leer!"

La siguiente aplicación de sarcasmo es cuando algo malo ocurre. Dices algo sobre lo que ese evento, bueno o malo, refleja sobre la otra persona.

Si es bueno, dices que se refleja muy mal en ellos; si es malo, dices que se refleja bien en ellos.

Bob: "Se me cayó mi taza de café".

Tú: "Siempre has sido tan grácil".

Bob: "Reprobé en mi examen de matemáticas."

Tú: "Ahora sé a quién llamar cuando se rompa mi calculadora".

Observas como al pobre Bob se le cae su taza de café y exclamas "serías un gran cátcher. ¡Qué buenas manos!".

Una entrega apropiada es crucial para el sarcasmo. Esto puede significar la diferencia entre las personas riéndose de tu chiste sarcástico o que piensen que hablas en serio con lo que te ganarás el título de idiota. Además, ten en cuenta que el sarcasmo es quizás la técnica más usada para crear humor. Úsalo con moderación, pero de manera efectiva.

Tienes que dejar claro que estás siendo sarcástico y darles a otros una señal que lo indique. De otro modo, las personas se sentirán incómodas ante la incertidumbre. ¿Solo estás siendo malo o estás tratando de ser gracioso?

La manera más común para hacer esto es una combinación de un tono vocal inexpresivo y una sonrisa irónica o de superioridad. Con lo del tono vocal inexpresivo, no te ríes mientras lo dices, pareces completamente serio. Luego dejas salir tu sonrisa para aliviar la tensión y señalar a los otros sobre tus verdaderas intenciones.

Ahora que sabes cuándo brindar observaciones sarcásticas, también es importante aprender sobre cómo recibirlos y ser una buena audiencia.

Pretendamos que eres el pobre Bob de antes e insertemos una respuesta para él.

Bob: "ese camino es muy largo".

Tú: "eres muy observador".

Bob: "ya sabes. Soy como un águila".

Bob: "¡hoy hace demasiado calor!"

Tú: "veo que eres un meteorólogo en entrenamiento".

Bob: "lo puedo sentir en mis huesos. Es mi destino".

Bob: "¡este menú es inmenso!"

Tú: "¡Me alegra saber que aprendiste a leer!"

Bob: "también puedo contar hasta diez".

Necesitas amplificar su afirmación y lo que están implicando. ¿Esto parece familiar? ¡Es un comentario autocrítico + una respuesta ingeniosa!

Cuando respondes al sarcasmo de esta manera, creas un lazo más grande. Todos están cómodos y puedes crear una situación graciosa y un potencial para un cotorreo mayor.

E igual de importante, no te hace ver como un mal perdedor o alguien que no puede aguantar una broma.

Sin embargo, existe una desventaja al lidiar con sarcasmo. Muchas de las personas que recurren al humor sarcástico, básicamente de manera automática, están de hecho creando personalidades pasivo-agresivas. Usan constantemente el sarcasmo como un mecanismo de defensa para ocultar sus verdaderos sentimientos. Usan el sarcasmo para hacerlo pasar por sus emociones de otro modo negativas. Podrían estar haciéndote esto a ti, así que es importante esquivar sus ataques inconscientemente crueles.

En tales casos, responder con sarcasmo solo los animará. Esto indica que un mal uso del sarcasmo de esa manera es aceptable. Si encuentras a alguien siendo exageradamente sarcástico contigo de maneras pasivo-agresivas, acércate a ellos y expresa cordialmente que su sarcasmo se siente hostil, incluso si no es su intención.

Lo siguiente, tenemos la ironía. La ironía es un tipo de humor que está muy cerca del sarcasmo y a menudo se confunde con este.

Aquí tienes la definición oficial de Dictionary.com solo porque es algo con lo que las personas pueden tener problemas al precisar: "la expresión de lo que uno quiere decir usando un lenguaje que normalmente significa lo opuesto, típicamente para efectos graciosos o enfáticos".

Esto es diferente del sarcasmo de diversas maneras. Primero, la ironía trata generalmente sobre situaciones e incidentes, no sobre personas. Algo pasa que es lo opuesto de lo que esperabas. Cuando se te presenta una ironía, como una estación de bomberos en llamas, obviamente será bastante irónico, no sarcástico. Sin embargo, el sarcasmo es usualmente más despectivo por naturaleza. Estás diciendo cosas que no quieres decir. La definición de sarcasmo es "el uso de ironía para burlarte o expresar desdén". Por ende, puedes ver cómo decir "eres muy observador", cuando alguien dice "este camino es muy largo" es sarcasmo, no ironía, debido al elemento de burla intrínseco en el comentario previo.

El humor irónico es cuando algo que es exactamente lo opuesto de lo que podrías esperar ocurre. Otra manera de definir la ironía es cuando dices algo, pero quieres decir exactamente lo opuesto de lo que esperas.

En otras palabras, las palabras que salen de tu boca son lo opuesto de la emoción que estás sintiendo. Si te estás muriendo de hambre, una afirmación irónica podría ser "estoy tan lleno que necesito soltarme el cinturón. Es como acción de gracias en julio".

El humor irónico obtiene su poder de contrastes. Hay un contraste entre la verdad literal y la verdad percibida. En muchos casos, el humor irónico surge de frustración o decepciones con nuestros ideales. La manera en la que imaginamos cómo debería ser el mundo produce comedia cuando choca con cómo el mundo es realmente.

El humor irónico es usualmente usado para probar un punto divertido sobre algo o para señalar algo. Por ejemplo, cuando ves a un pájaro aterrizar en una señal que dice "no se permiten pájaros", eso es humor irónico. La señal prohíbe a los pájaros, pero el pájaro está allí posándose sobre la señal. La expectativa de que la señal se asegure de que no haya pájaros en los alrededores ha fallado.

Otro ejemplo es cuando ves un auto con un logo en la puerta que dice "Comité Municipal de Reducción de Tráfico", y el auto, junto con todos dentro, está atascado por dos horas en un tráfico embotellado. Allí hay una profunda comedia irónica, ya que tu esperarías que el comité de planificación y gestión del tráfico hiciera un mejor trabajo para que ellos mismos no estés atrapados en el tráfico.

La ironía es sobre encontrar el contraste y sacarle un juicio interesante y creativo. Como indican los ejemplos, el humor irónico es más un asunto de observación que uno de espontaneidad y creatividad. Es más probable que encuentres y señales cosas que son irónicas que inventar algo que lo sea.

El humor irónico, por otro lado, es cuando intencionalmente implicas el significado opuesto de lo que dices. Cuando pensamos sobre cómo usar la ironía conversacionalmente, lo que realmente nos preguntamos son las maneras en las que podemos expresar dos mensajes al mismo tiempo.

Palabras contra tono

Recuerda, la ironía se trata más de observar contrastes. Como un punto de diferencia: si lo observas, es probable que sea ironía, pero si lo usas es más probable que sea sarcasmo.

"¡SOY UNA PERSONA SOCIABLE! ¡LE CAIGO BIEN A LA GENTE!"

"Estoy muy feliz en este momento. Estoy eufórico", dicho con una voz gruñona y exasperada.

"Voy a matarte. Eres demasiado molesto", dicho con un tono excesivamente empalagoso y dulce.

Puedes ser de ambas maneras aquí: palabras positivas con un tono negativo o palabras negativas con un tono positivo. Sabes que lo hiciste bien si para la otra persona es obvio lo que estás tratando de decir. Si causas confusión cuando usas este método, significa que el tono de tu voz no es lo suficientemente obvio.

Palabras contra lenguaje corporal

Aquí es donde usas tus palabras para decir

una cosa, pero tu lenguaje corporal, expresiones faciales y otras señales no verbales gritan algo diferente. Imagina los mismos ejemplos de la variación previa, pero en lugar de ser tu tono vocal lo que es opuesto a tus palabras, lo son tu lenguaje corporal y expresiones faciales.

"¡SOY UNA PERSONA SOCIABLE! ¡LE CAIGO BIEN A LA GENTE!", se diría frunciendo el entrecejo y haciendo un movimiento de navaja por tu cuello para indicar que odias a las personas.

"Estoy muy feliz en este momento. Estoy eufórico", se diría mientras sacudes tu cabeza, expresando que quieres lanzarte de un puente, todo con un rostro enojado.

"Voy a matarte. Eres demasiado molesto", se diría mientras sonríes angelicalmente, tratando de abrazar gentilmente a la otra persona y acariciando sus hombros como para relajarla.
El humor irónico usa diferentes elementos que chocan entre sí para producir contraste en la mente de tu audiencia. Crea un sentido

de algo inesperado y emociona a las personas con las que hablas. Sus razones para ser divertido operan de una manera similar a los malentendidos. Todo se trata de contraste y crear un momento inesperado.

También pueden ser las dos maneras con esta variación. Puedes emparejar palabras positivas con expresiones no verbales negativas, o palabras negativas con expresiones no verbales positivas. Claro que, puedes combinar tus expresiones no verbales (lenguaje corporal y expresiones faciales), tono de voz y las palabras como tal para un efecto mayor.

Símil irónico

Un símil es una estrategia literaria donde dices que una cosa es como otra. O al menos eso es un símil normal. Algunos ejemplos incluyen "tan liso como el terciopelo", "tan limpio como un cristal", y "tan valiente como un león".

Un *símil irónico* es una comparación entre dos cosas para nada similar, excepto por un rasgo o descriptor compartido.

Para crear un símil irónico, primero haz una afirmación que sea lo opuesto a cómo te sientes realmente y luego compárala con una situación que también es lo opuesto a cómo te sientes. Explicar un símil irónico es como tratar de explicar de qué color se ve, así que aquí tienes unos ejemplos:

"Es tan probable que vote por ese candidato como que haga una cita con un proctólogo con espasmos musculares incontrolables".

Dices que votarías por el candidato, pero luego presentas algo que es soberbiamente negativo. Eso es un símil irónico, una comparación con algo que es lo opuesto de lo que quieres decir. Nota que la oración típicamente comienza con una descripción engañosa como "es probable que vote por ese candidato". Luego, la parte que le sigue a esa afirmación da marcha atrás a su mensaje inicial al presentar una comparación que provocaría un sentimiento opuesto, en este caso "hacer una cita con un proctólogo con espasmos musculares incontrolables". El resultado final es una declaración de cómo es muy *improbable* que votes por ese candidato, exactamente lo opuesto a la impresión inicial que dio la oración.

Tomemos otro ejemplo:
"Estoy tan triste como perro con un hueso".

En términos de la fórmula que revisamos arriba, la introducción engañosa es "tan triste como", luego la marcha hacia atrás ocurre cuando dices "un perro con un hueso". Usualmente, cuando un perro tiene un hueso en su boca, la última emoción con la que lo describirías es tristeza, ya que los perros con un hueso son sumamente felices. Por ende, tal símil irónico te deja con una expresión de completa felicidad independientemente de que inicialmente hayas mencionado el descriptor "triste".

¿Qué tal el siguiente ejemplo?
"Esa persona es tan flexible como un ladrillo".

El humor aquí es que resaltas el hecho de que la persona no es flexible en lo absoluto. El símil irónico funciona primero al describir engañosamente a la persona como "flexible", pero luego la marcha atrás entra en juego al comparar su flexibilidad con un ladrillo. A menos que estés tratando con un ladrillo hecho de gelatina, lo probable es que el ladrillo en cuestión sea extremadamente inflexible y rígido.

Aquí tienes otros ejemplos más de un símil irónico:

"La discusión de nuestro profesor sobre el principio de Heisenberg estuvo tan clara como el lodo".

"Ella tiene toda la gracia social de una aplanadora".

"Ser la tercera rueda de su cita fue tan agradable como un tratamiento de conducto".

¿Puedes crear algunos símiles irónicos?

Practica armando tus propios símiles cada vez que quieras describir una experiencia o sentimiento memorable. De esta manera, inventar símiles irónicos graciosos en las conversaciones casuales será tan difícil como contar hasta diez.

Hipérbole

Esto es cuando dices algo negativo sobre una afirmación positiva, o dices algo positivo sobre una afirmación negativa, de manera hiperbólica y exagerada.

"¿Llanta ponchada? La mejor noticia de la semana".

Ocurrencia negativa, luego una afirmación positiva.

Usualmente cuando las personas dicen algo para este efecto, llevan tu atención a lo negativo o positivo que fue algo realmente. Ahora que tienen una llanta ponchada, tienen una nueva preocupación sobre las irritaciones menores y molestias que esta semana ha traído.

"No es un problema, seguro luego corro por cuatro millas. ¡Solo me lastimé el tobillo y el pie!"

Esto es graciosísimo precisamente porque estás menospreciando el hecho de que tienes una condición médica seria.

La ironía es divertida, pero no debes excederte con su uso, de otra forma las personas no sabrán lo que estás diciendo y podrían simplemente no tomarte en serio. Estás expresando un mensaje mixto intencionalmente, así que en algún punto las personas tendrán que conocer tu personalidad básica y conjunto de reacciones.

Y otra forma de sacarle provecho al amago es para responder preguntas de manera opuesta. Si alguien espera que digas que sí, di que no y viceversa. Mientras más obvio mejor. Como muchos trucos que hemos abarcado antes, este también depende del elemento sorpresa que viene con una respuesta inesperada.

Jennifer Lawrence usa esto bastante a menudo. Cuando estaba en el programa de Elle Degeneres, luego de saltar a la fama gracias a *Los Juegos del Hambre*, se le preguntó si se había acostumbrado a toda la fama y atención que provino al volverse una celebridad. Ya que tenía alrededor de veinte en ese momento, la mayoría habría esperado un claro "no" de su parte. En lugar de eso, fue hacia el otro lado y dijo "¡sí!". Su comportamiento hizo evidente que de hecho no se había acostumbrado a ello, esencialmente convirtiendo su acotación en algo sarcástico.

Para generar la mayor cantidad de risas, usa esta técnica solo en caso de preguntas de sí/no donde la otra persona ya parece conocer o esperar tu respuesta.

Aquí tienes otro gran ejemplo. El equipo de fútbol perdedor de la Copa del Mundo una vez fue entrevistado inmediatamente después del último partido y el entrevistador les preguntó "¿están decepcionados?" Uno de los miembros del equipo ingeniosamente respondió: "no, para nada. Esto es exactamente lo que esperábamos, llegar a la final de la Copa del Mundo y perder". Como puedes ver, el ingenio y la hilaridad de tal respuesta deriva del hecho de que se esperaba un rotundo "sí", y aun así lo completamente opuesto fue lo que llego a los oídos del entrevistador.

Estas son preguntas que generalmente tienen una respuesta obvia, pero la razón detrás de ella es recibir una elaboración de la respuesta esperada. Es por eso que decir lo opuesto de lo que se espera es tan efectivo. Al brindar la respuesta opuesta, descolocas completamente a la otra persona. Luego de unos momentos, puedes darle la respuesta real y decir más al respecto.

Enseñanzas

- Una de las cosas principales que previene que seamos graciosos es que tomamos todo de manera muy literal y usamos un lenguaje aburrido al hacerlo. Esta es una diferencia en la mentalidad, similar a la dicotomía de jugar contra conversar/discutir que vimos antes. Perdemos oportunidades sencillas cuando podemos darnos cuenta de que algunas elecciones de vocabulario son mejores que otras, y que tenemos múltiples oportunidades al día para usarlas. Así que el primer paso para ser más divertido es usar un lenguaje que sea tanto específico como uno que pinte imágenes vívidas en la mente de las personas.

- Una técnica de comedia que depende de la generación de imágenes mentales es la regla de tres. Aquí, básicamente describes algo usando tres adjetivos, dos positivos y uno altamente negativo, en ese orden. Alternativamente, X, Y, y el opuesto de X y Y. Generalmente, esperamos un tercer adjetivo relacionado con los dos consecutivos iniciales, pero un descriptor no relacionado descoloca completamente a la audiencia. La regla de tres funciona gracias al amago y la sorpresa.

- La técnica final trata de diseccionar el amago y cómo puede dirigir a grandes risas. Primero, comenzamos con el sarcasmo y la ironía. El sarcasmo es cuando dices algo que no quieres decir en un intento por burlarte de algo o ponerlo en ridículo. La ironía, por otro lado, se refiere a situaciones donde pasa algo que es lo opuesto de lo que esperarías. Esto es más humor observador de tu parte, porque estarías señalando un contraste en lugar de crear uno. La ironía posee una sorpresiva cantidad de versatilidad debido a los muchos lugares donde puede ser aplicada. Puedes estar buscando un contraste irónico entre palabra, lenguaje corporal y el tono, hipérbole irónica e incluso usar un símil irónico para ti mismo (ligero como un ladrillo).

Capítulo 5. Historias cautivadoras

Cautivar es una palabra bastante fuerte, y como tal, es probablemente algo por lo que debemos esmerarnos en nuestras interacciones.

Cuando pensamos en una persona cautivadora, ¿qué tipo de imagen viene a tu mente? Si tuvieses que elegir una imagen para una "persona cautivadora" en un diccionario, ¿quién sería esa persona? ¿Qué está expresando esta persona? ¿Cómo está actuando y qué está haciendo?

La mayoría de las veces, esta persona se

verá como alguien sobre un escenario o púlpito gesticulando de manera grandiosa y expresiva, con un rostro lleno de emoción. Y también apostaría a que esa persona está en medio del entretejido de una atractiva historia que cautive a su audiencia. Ciertamente, si lo piensas, parece que solo a través de la narración podemos asombrar y encantar a otros para que se aferren a cada una de nuestras palabras.

Bueno, eso es debatible, pero determinar si eso es o no cierto no es el objetivo de este capítulo. Nadie puede negar que la narración es un elemento importante de las conversaciones y discusiones memorables que quieres tener. La pregunta siempre es cómo dominar está habilidad tan elusiva y hacerla tuya. Por ende, en este capítulo, quiero presentarte un par de perspectivas sobre cómo puedes usar la narración en tus conversaciones del día a día e incluso en las charlas.

Es útil primero quitar lo místico de todo el concepto de la narración. ¿Qué es la narración? Es solo decirle a alguien algo que pasó. Eso es todo. Claro que, hay mejores y peores maneras de hacer esto, pero en el núcleo, la narración es solo tomar el pasado de una manera que haga que las personas presten atención. Con la primera parte no tenemos problema, todos hemos descrito nuestro pasado y todos tenemos dignas experiencias que contar. Pero, la segunda parte es típicamente el reto. Con esto en mente, veamos cómo podemos mejorar al narrar.

Una vida de historias

Para ser mejores con las historias, tenemos que comenzar reconociéndolas en nuestra vida diaria. No pensamos en nuestras vidas como algo interesante a diario, pero hacemos más de lo que nos damos cuenta. No es que todos los días estés involucrado en una protesta masiva de la que puedes hablar a tus hijos, o fuiste perseguido por un perro salchicha hasta un callejón oscuro donde un hombre vestido de loro te salvo embistiendo al perro. Estas historias son evidentes y no necesitan ninguna organización o manera especial de ser contadas para que tengan un impacto.

Tenemos que dibujar partiendo de nuestras vidas diarias, y créeme, hay mucho sobre lo que dibujar. Tu vida es mucho más interesante de lo que crees, ¡créeme! Es solo cuestión de ver las mini historias que están intrínsecas en nuestra existencia diaria. ¿Cuál es la definición de una mini historia en este contexto?

"¿De qué trabajas?"
"Soy ejecutivo de marketing".

Bueno no, así no. Eso solo conseguirá una respuesta como "oh genial. Voy al baño, nos vemos". Intentemos de nuevo.

"¿De qué trabajas?"
"Soy ejecutivo de marketing. Trato principalmente con clientes. ¡Justo la semana pasada tuvimos un cliente que amenazó con enviar a sus guardaespaldas a nuestra oficina! En serio me gustaría más tratar con la parte creativa".

Ahí lo tienes. Esto seguramente conseguirá una respuesta más fuerte que querer ir al baño, algo como "¡no puede ser! ¿Y los envió? ¡CUÉNTAME MÁS!"

De eso se trata una mini historia. De responder preguntas (o un compartir espontáneo) usando brevemente elementos de una historia, una acción que le ocurre a un sujeto con alguna especie de conclusión. Como puedes ver arriba, una mini historia breve creará exponencialmente más conversación e interés que cualquier respuesta a la típica pregunta, "¿de qué trabajas?" Todo lo que necesitaste fueron tres oraciones. Trata de leerla en voz alta, toma menos de diez segundos y ya la has abarrotado de suficiente información para que sea interesante para cualquiera.

Lo genial de estas mini historias es que también las puedes crear antes de una conversación, así que tienes más anécdotas convincentes a la mano como respuestas para preguntas muy comunes y amplias. El principal beneficio de crear mini historias de antemano es ser capaz de evitar respuestas de una palabra a las que seguramente estás acostumbrado. Esto puede darte un sentido de confianza porque te has preparado para lo que viene.

Cuando desglosas el contexto alrededor de una mini historia, se vuelven mucho más simples. Ten como objetivo tres oraciones que puedan responder algunos de los temas más comunes que salgan a relucir.

1. Tu ocupación (si tienes un trabajo inusual o nebuloso, asegúrate de que tienes la descripción sencilla de tu trabajo con la que las personas pueden relacionarse).
2. Tu semana.
3. Tu siguiente fin de semana.
4. Tu ciudad natal.
5. Tus pasatiempos y más.

Cuando uses una mini historia para responder una pregunta, asegúrate de primero reconocer la pregunta. Pero, cuando te des cuenta de que tienes algo mucho más interesante para decir, puedes saltar a la mini historia, la cual debería sostenerse por sí sola.

"¿Cómo estuvo tu fin de semana?"
"Estuvo bien. Vi cuatro películas de *Star Wars*".
"Bueno, ahora voy a hablar con alguien más".

Intentemos de nuevo.

"¿Cómo estuvo tu fin de semana?"
"Estuvo bien, pero, ¿te conté lo que pasó el viernes pasado? Un perro con traje entró a mi oficina y se hizo pis por todos lados".
"Espera. Cuéntame más".

Usar mini historias te permite evitar las muy típicas respuestas de "bien, ¿qué hay de ti?" que encuentras en charlas todos los días. Ese es el primer paso para ser cautivador.

Podría ayudarte si replanteas las mini historias de la siguiente manera: cuando las personas charlan contigo y te hacen cualquiera de las preguntas clásicas, realmente no están interesados en las respuestas a esas preguntas. Quieren escuchar algo interesante, así que proporciónales eso.

Este es un importante punto a repetir: cuando le preguntamos a alguien como estuvo su fin de semana, o cuáles son sus planes de viaje, usualmente no estamos tan interesados en una respuesta literal. Ya hemos hablado sobre cómo debes revelar y divulgar información sobre ti mismo en un esfuerzo por encontrar similitudes y ahora ves otro beneficio de ofrecer más.

No solo eso, las mini historias son una visión interna de la manera en que piensas y cómo te sientes. Dan pistas de tu mentalidad, personalidad y aprendizajes emocionales. Aprender sobre estos aspectos es el primer paso para permitir que alguien se relacione y se sienta conectado contigo, por lo que es imperativo que aprendas a cómo tomar cualquier pregunta y expandirla para tu beneficio. También los animará a ser recíprocos.

Las mini historias también resaltan la importancia de proporcionar más detalles, como se mencionó en un capítulo anterior, y evitar respuestas de una palabra. Los detalles ofrecen una descripción tridimensional de ti y de tu vida. Esto hace que automáticamente las personas estén más interesadas y comprometidas porque ya están creando una imagen en sus mentes y visualizando todo.

Los detalles también les dan a las personas más a qué conectarse, más en qué pensar y más a qué aferrarse. Con más detalles, hay una probabilidad substancialmente más alta de que las personas encuentren algo divertido, interesante, en común, conmovedor, curioso y algo que vale la pena comentar en lo que tengas que decir.

Lo detalles y la especificación pone a las personas en un lugar y tiempo en particular. Esto les permite imaginar exactamente lo que está pasando y comienza a importarles. Piensa en por qué es tan fácil ser absorbido por una película. Experimentamos una enorme estimulación sensorial y casi no podemos escapar de todos los detalles visuales y auditivos, los cuales están diseñados para hacer que nos adentremos. Las historias y conversaciones detalladas invitan a otros a compartir una película mental contigo.

Más allá de darle sabor a tu conversación y narración, y darle a otra persona algo por lo que preguntar, los detalles son importantes porque provocan la interacción emocional. Los detalles les recuerdan a las personas sobre sus propias vidas y recuerdos y los hace sentir más atraídos a los que sea que se les esté presentando. Los detalles pueden forzar a otras personas a reírse, molestarse, entristecerse, o sentir sorpresa. Pueden controlar ánimos y emociones.

Si incluyes los detalles sobre canciones específicas que se reproducían durante tus bailes en la preparatoria, es probable que alguien tenga recuerdos adheridos a esas canciones y se vuelva emocionalmente interesado en tu historia. Usa los cinco sentidos para describir todo lo que salió mal en esa graciosísima cita a ciegas que tuviste. Comparte detalles sobre todos los rincones y ranuras metafóricos porque eso es lo que te hace interesante a un nivel emocional.

El método 1:1:1

Sobre el tema de simplificar la narración, hemos estado hablando sobre cómo podemos usar una mini historia de muchas maneras. Podrías estar preguntándote cuál es la diferencia entre una mini historia y una historia completamente desarrollada.

Para nuestros objetivos, no mucho. Parece que a muchas personas les gusta complicar la narración como si estuviesen componiendo un impromptu de una tragedia griega. ¿Tiene que haber una introducción, punto medio, obstáculo y resolución? ¿Tiene que haber un héroe, un conflicto y una aventura emocional? No necesariamente. Esas son formas específicas de narración si eres Francis Ford Coppola (director de la trilogía de *El Padrino*) o un comediante de standup acostumbrado a mantener a las multitudes entretenidas.

Pero ciertamente estas no son las maneras más sencillas o prácticas de pensar sobre la narración.

Mi método de narración en la conversación

es priorizando la discusión que sigue. Eso significa que la historia como tal no tiene que ser tan profunda o larga. Puede y debe contener detalles específicos con los que las personas puedan relacionarse y puedan asimilar, pero no tiene que tener partes o niveles. Una historia completa puede ser mini por naturaleza. Por eso es llamado el método 1:1:1.

Este método es llamado así por una historia que (1) tiene una acción, (2) puede resumirse en una oración y (3) provoca una emoción principal en el oyente. Puedes ver por qué son cortas y rápidas. También tienden a asegurarse de que sabes el punto antes de comenzar y tienes un muy bajo chance de divagar verbalmente por minutos alejando a tus oyentes. Este es el ratio de menor aporte por mayor resultado más alto que puedes tener para una historia.

Para que una historia consista en *una* acción, significa que solo está pasando una cosa. La historia trata de una ocurrencia, un evento. Debes ser directa. Cualquier otra cosa confunde el punto y te hace propenso a divagar. Es importante compartir los detalles, pero probablemente no al comienzo porque se perderá u opacará el impacto de la historia.

Una historia debe poder *resumirse* en una oración porque, de otra manera, estás tratando de cubrir demasiado. Esto te mantiene enfocado y directo al punto. Este paso de hecho toma práctica, porque estás forzado a pensar cuál de los aspectos de la historia importa y cuáles no aportan nada a tu acción. Imagina que estás creando el equivalente verbal a una caricatura de un solo panel, donde el arreglo y el final están en un solo lugar. Es una habilidad en la que debes condensar tus pensamientos en una sola oración y que aun así esté completa. A menudo no te darás cuenta de lo que quieres decir hasta que puedes hacer esto.

Finalmente, una historia debe enfocarse en una emoción principal a ser provocada en el oyente. ¡Y debes ser capaz de nombrarla! Ten en cuenta que al provocar una emoción te aseguras de que la historia tenga un punto, y le dará color a los detalles que escoges cuidadosamente para enfatizar esa emoción. Para nuestros objetivos aquí, realmente no hay muchas emociones que quieras sacarle a otros con una historia. Podrías tener humor, shock, dolor, asombro, envidia, felicidad o molestia. Esas son la mayoría de las razones por las que relacionamos nuestras experiencias con las de otros.

Ten en cuenta que este es solo mi método para expresar mis experiencias a otros. Mi lógica es que sea que las personas escuchen dos oraciones sobre el ataque de un perro o escuchen diez oraciones sobre lo mismo, no cambie el impacto de la historia. Como contar una historia sobre tu amigo que fue a prisión; bueno, él sigue en prisión al final de dos o diez oraciones. De la misma manera, si cuentas una historia de cómo adoptaste a un perro, el perro seguirá recostado en tu cama si te toma diez segundos o dos minutos contar la historia.

Luego de proporcionar la premisa, la conversación puede seguir adelante en forma de diálogo; tu compañero de conversación puede participar más abiertamente y podemos entonces enfocarnos en el impacto y la reacción del oyente. Entonces puedes dejar que las inevitables preguntas fluyan, y puedes divulgar lentamente los detalles luego de que el contexto sea establecido, y luego de que el impacto inicial sea sentido. Entonces, ¿cómo se oye la llamada historia?

"Fui atacado por un perro y estaba tan asustado que casi mojo mis pantalones". Es una oración, una acción, y la parte de mojar los pantalones es para enfatizar el hecho de que la emoción que quieres expresar es miedo y shock.

Podrías incluir más detalles sobre el perro y las circunstancias, pero es posible que las personas pregunten sobre eso inmediatamente, así que deja que guíen lo que quieren oír sobre tu historia. No hace daño nombrar directamente la emoción que estabas experimentando. ¡Invítalos a participar! Muy pocas personas quieren sentarse y escuchar un monólogo, muchos de los cuales son contados pobremente y de una manera muy regada. Por ende, mantén lo esencial pero corta tu historia y deja que la conversación continúe como una experiencia compartida en lugar de monopolizar el aire. Aquí tienes otro par de ejemplos sencillos:

"La semana pasada, tuve una entrevista de trabajo que salió tan mal que el entrevistador se rio de mí mientras yo salía de la oficina, fue vergonzoso". Una acción, una emoción, en una oración.

"La primera vez que conocí a Joshua, derramé un tazón de frijoles horneados sobre sus pantalones blancos y creo que todo el mundo estaba viendo cuando pasó esto".

El método 1:1:1 puede ser resumido como comenzar una historia tan cerca del final como sea posible. La mayoría de las historias terminan antes de llegar al final, en términos de impacto al oyente, su rato de atención y la energía que tienes para contarla. En otras palabras, muchas historias tienden a extenderse sin cesar porque las personas tratan de adherirse a reglas complicadas o porque simplemente pierden la trama y están tratando de encontrarla nuevamente hablando. Sobre todas las cosas, no es necesario un largo preámbulo. Lo que es importante es que las personas presten atención, que les importe y que de hecho reaccionen de alguna manera emocional (preferiblemente).

La columna vertebral de la historia

Piensa en la columna vertebral de la historia como una versión mejorada y actualizada del método 1:1:1. Esta te da el ritmo de una gran historia en una fórmula sencilla.

Esta técnica se puede acreditar a Kevin Adams, autor y director artístico del teatro sinérgico. Él enseña cómo la "columna vertebral de la historia" puede ser usada para resumir una gran historia. Este método es perfecto para novelistas y cineastas, pero también lo puedes usar cuando quieras entretener a amigos con cuentos que los tendrán encantados. De la misma manera, puede decirte por qué algunas historias simplemente fracasan, ya que te muestra los elementos cruciales que podrían estar faltando.

La columna vertebral de la historia tiene ocho elementos, así es como van:

Había una vez...

El inicio de la historia. Aquí, debes establecer el contexto y compones el mundo del que estás hablando y los personajes en los que te enfocarás. Estableces su rutina, su realidad normal. Si te saltas esta parte tu historia podría parecer intrascendente o las personas no podrán captar el sentido de los eventos que siguen ni por qué importan.

Cada día...

Más establecimiento de lo normal y la rutina. A menudo, un personaje se aburre, entristece o le da curiosidad algo y esto lleva a los siguientes niveles de la historia. Este paso crea tensión y es el lugar para darle personalidad a tus personajes y un motivo para lo que pase a continuación.

Pero, un día...

¡Y aquí viene el gran evento que cambia todo! Un día, algo diferente ocurre que cambia completamente el mundo alrededor del personaje. Un extraño llega al pueblo o aparece una pista misteriosa.

Debido a eso...

Existen consecuencias. Los personajes principales actúan en respuesta, y esto pone en marcha el cuerpo principal de la historia, la parte del "¿qué pasó?". Muchos malos narradores simplemente saltan y comienzan aquí, fallando al crear tensión o cualquier tipo de contexto, y luego descubren que su audiencia no está tan interesada en el desenlace. Como las habilidades para una buena conversación, las habilidades para una buena narración requieren ritmo y una creación de tensión *gradual*.

Debido a eso...

Las cosas se ponen más interesantes o tenebrosas, los riesgos se han elevado, la trama se intensifica, otros personajes entran y el mundo entero de complicaciones/comedia/drama se abre a medida que la historia se desarrolla.

Debido a eso...

Las buenas historias optan por nuestro amor por el número tres en la narrativa. Por eso tenemos a Ricitos de oro y los tres osos, y por eso el héroe típicamente se enfrenta a tres retos antes de lograr su cometido. Tómate el tiempo para realmente explorar los tres dilemas a los que se enfrenta tu personaje y harás que la resolución de los mismos sea mucho más dulce.

Hasta que finalmente...

¿El chicho se queda con la chica? ¿El mundo fue salvado o el detective descubrió al culpable? Aquí es donde revelas todo. El conflicto es resuelto y concluye la historia.

Y desde entonces...

Cierras la historia como la comenzaste, con algo de contexto. Aquí resaltas lo que es la nueva normalidad, dándole el éxito o fracaso del personaje en el paso anterior. Podrías considerar una moral de la historia aquí, o una pequeña broma o remate. En la conversación, esto les informa a las personas que ya terminaste tu historia y los señala para que respondan.

Lo que es importante recordar sobre la columna vertebral de una historia, es que es simplemente eso, una columna. Todavía necesitas añadir una considerable cantidad de carne para hacer que resalte y para que sea atractiva. La columna de la historia apenas se asegura de que estás tocando las notas correctas en el orden correcto, y te da una gratificante estructura a seguir. No todas las historias la seguirán exactamente (después de todo es un simple esquema) pero si la tuya lo hace, hay una buena posibilidad de que será mejor recibida que las narrativas un poco más experimentales.

Como un ejemplo, consideremos el popular tema del programa de TV de los 80, *El Príncipe de Bel-Air*. Este programa muestra que incluso en una historia rápida, es importante tener los bloques de construcción esenciales. El tema comienza:

En filadelfia yo nací crecí
Con goma de mascar y básquet era feliz
Siempre tranquilo sin prisa ni nada

Nada de escuela instalado en la fiaca

Esto cubre el "había una vez" y "todos los días". Contexto establecido.

*Luego unos maleantes aún ignoro por qué
Buscaron problemas y me les enfrenté
Mi mami asustada muy seria me dijo:
Te mudas ahora mismo con tus tíos de Bel-Air.*

Aquí tienes la parte de "pero, un día" que cambia todo.
*Lloré y le supliqué de noche y de día
Pero hizo mis maletas y me envió con mi tía*
... etc.

La porción del medio de la canción lo cubre a él rogándole a su madre para no ir, subiendo a un avión hacia Bel-Air y luego tomando un taxi, mientras lentamente toma consciencia del nuevo mundo en el que se ha metido. Esta es la parte central de la historia, las tres porciones de "y debido a eso". El verso final dice:

*Al fin llegué a una mansión de lo más elegante
Y le dije al taxista ponte desodorante*

*Mirando mi reino finalmente pensé
Ha llegado el príncipe de todo Bel-Air.*

"Y finalmente", y "desde entonces" son presentados aquí, y la nueva normalidad es fijada, con el personaje principal felizmente establecido en su nueva vida. Cierto, no hay mucho conflicto o tensión aquí, pero la estructura es sólida.

Imagina a alguien usando la columna vertebral de una historia en un contexto más del día a día: una disputa en el trabajo. Alguien está tratando de explicar lo que pasó claramente a un mediador externo. Su historia suena algo así:

"Melissa y Jake trabajan para el departamento de tecnología, ejecutan cosas junto con Bárbara, quién está de baja por maternidad. Melissa ha estado en la empresa por más de diez años y Jake es nuevo, por lo que Melissa lo ha estado entrenando informalmente para que cubra el trabajo de Bárbara por los próximos seis meses, posiblemente a un término más largo (hay rumores de que Jake se quedará con el trabajo de Bárbara si ella se va). Han estado trabajando juntos en un gran proyecto durante el último mes".

"Para nuestro desconocimiento, Melissa y Jake tuvieron una breve relación meses atrás que terminó mal".

"Debido a eso ha habido algo de tensión en la oficina. Hubo un error crucial en un gran proyecto y se decidió que Melissa era la responsable. Pero, desde entonces ella nos ha revelado que fue culpa de Jake, y que ella lo había cubierto mientras estaban en una relación. Debido a esto, Jake está reclamando que Melissa solo lo está culpando ahora porque ya no están en una relación. Lo que él cree que es injusto".

"Eventualmente, Bárbara contactó a la oficina para informar que no iba a regresar, una condición que Mark supuso que solidificaría su papel en la oficina. Pero, ahora hay un gran conflicto porque Melissa y Jake apenas soportan trabajar juntos".

En esta historia, el mediador está escuchando las últimas etapas, pero la parte de "y desde entonces", todavía no se decide. ¿Puedes ver los pasos, y cómo dejar fuera uno de ellos o mezclarlos podría hacer que la historia fuese más confusa?

Considera el exitoso récord de taquilla *Avatar*, y cómo sigue la columna vertebral: había una vez un marino parapléjico llamado Jake Sully con un pasado traumático, quien apenas veía la vida pasar. Todos los días lamentaba la trágica muerte de su brillante y talentoso hermano.

Pero, un día, consigue la oportunidad de unirse a una misión a la lejana Pandora. Debido a eso, se le promete una cirugía que logrará que camine nuevamente a cambio de reunir información sobre las especies que habitan en el planeta, los Na'Vi.

Debido a eso, pasa más tiempo con ellos, desarrollando eventualmente un amor real por su mundo, así como por la bella Neytiri. Debido a ese amor, él es incapaz de formar parte de la naturaleza (a punto de descubrirse) explotadora de la expedición, hasta que finalmente, una guerra total se desencadena entre los humanos y los Na'Vi. Finalmente, la batalla es ganada y Pandora es salvada. Y desde entonces, Jake vivió en paz en Pandora.

Naturalmente, existen muchísimos detalles y elementos faltantes aquí, pero la columna está intacta y es parcialmente responsable para que una historia sea interesante y se desenvuelva como la audiencia lo espera. La columna vertebral de la historia aplica para cualquier tipo de historia o narrativa, escrita, hablada o cinemática, grande o pequeña. Lo fundamental, una vez en el lugar, puede ser reorganizado de literalmente infinitas maneras.

Dentro de las historias

En cualquier conversación, existe un clímax. Podría haber diversos puntos memorables, pero por definición, una parte es la mejor y la más alta.

Esto puede tomar formas diferentes. Pueden compartir una gran risa. Ambos pueden ponerse emotivos y llorar. Comparten una fuerte perspectiva sobre un problema como nadie más. Son testigos de algo horrible o gracioso juntos. Ambos se esfuerzan por no reír cuando observan algo. Terminan la frase del otro. La mayoría del tiempo, si lo haces correctamente, tus historias se vuelven puntos altos debido al impacto emocional y a la intriga pura de la que puedes hacer uso para crearlas. Esto hace que sea fácil porque estás plantando la semilla de una conexión que cosecharás luego.

Casualmente, volver a este clímax luego es como se ve un *chiste interno* desmontado. Por ende, para crear fácilmente un chiste interno, todo lo que tienes que hacer es referirte al clímax más tarde en la conversación. Toma nota del mismo y colócalo en tu bolsillo para usarlo luego. No dejes que se amargue como esa leche que tiene un mes en el refrigerador y tienes miedo de tirar debido al olor. Asumiendo que contaste una buena historia u obtuviste una buena historia antes en la conversación, todo lo que tienes que hacer es referirte a ella en el contexto de tu tema actual.

Por ejemplo, contaste una historia sobre tu tipo favorito de perro antes en la conversación. Hubo un clímax sobre compararte con un perro salchicha porque tu forma hace que sea inevitable.

Ahora tu tema actual de conversación es la moda, estilo personal y los diferentes tipos de chaqueta. ¿Cómo te devuelves al clímax sobre el perro salchicha haciendo referencia al contexto de las chaquetas? *"Bueno, desafortunadamente no puedo usar ese tipo de chaquetas porque soy muy similar a un perro salchicha, ¿recuerdas?".*

Trae el primer tema, con suerte el tema de tu historia y luego úsalo con el tema actual. Estás repitiendo el tema anterior en un contexto nuevo, y esto tiende a ser bien recibido, incluso si no fue gracioso la primera vez. Y la mejor parte es que puedes seguir haciendo esto con la misma cosa para crear un lazo único incluso más fuerte (¡un chiste interno!).

Escucha algo divertido o notable que clasificarías como un clímax conversacional. Guárdalo en tu bolsillo. Espera como un chita en el pastizal de la sabana para ver un contexto o tema diferente en el que puedas repetir. Y luego libéralo.

Aquí tienes otro ejemplo.

Clímax de una conversación anterior: una historia sobre odiar los estacionamientos.

Tema de conversación actual: el clima.

Devolución: *sí, la lluvia definitivamente se vendrá cuando no podamos encontrar un puesto de estacionamiento a menos de diez cuadras de nuestro apartamento.*

Y aquí tienes uno más:

Clímax de conversación anterior: una historia sobre amar las donas.

Tema de conversación actual: odiar el trabajo.

Devolución: *bueno, ¿y qué tal si tu oficina diera donas gratis? ¿Cuántas necesitarías para cambiar tu opinión sobre el trabajo?*

De la misma manera, el conductor de una orquesta puede llegar al mismo clímax musical a través de diferentes arreglos y canciones, puedes seguir haciendo referencia a este clímax conversacional. *Voilá*, acabas de crear un chiste interno de la nada.

Pide historias

La mayor parte del enfoque en las historias está usualmente en *contarlas*, pero, ¿qué hay sobre solicitarlas a otros y permitirles que se sientan tan bien como tú cuando la historia logra su cometido? ¿Qué hay sobre hacerse a un lado y dejarle el foco a otro (una habilidad menospreciada en la conversación y la vida en general)? Bueno, es solo una cuestión de cómo pides las historias de otros. Hay maneras para hacer que la gente platique por horas y acercamientos donde las personas se sienten forzadas a dar una brusca respuesta de una palabra.

Por ejemplo, cuando miras deportes, una de las partes más ilógicas es el post-juego o post-partida. Estos atletas siguen atrapados en la agonía de la adrenalina, sin aliento, y ocasionalmente le tiran gotas de sudor a los reporteros. No es una situación que conduzca a buenas historias, o si quiera buenas respuestas.

Aun así, estás viendo a un reportero entrevistar a un atleta, ¿sientes que hay algo raro sobre las preguntas que hacen? Los entrevistadores son colocados en una situación imposible y usualmente se van con un extracto decente, por lo menos, no son desastres de audio. Su tarea es obtener una respuesta coherente de alguien que está mentalmente incoherente en ese momento. ¿Cómo lo hacen?

Hacen preguntas como "háblame sobre ese momento en el segundo cuarto. ¿Cómo te sentiste y cómo el entrenador le dio la vuelta?" opuesto a "¿cómo ganaron?". O, "¿cómo voltearon este partido, volvieron al juego, y lograron todos los bloqueos para llevarse la victoria al final?" opuesto a ¿cómo estuvo la aparición?".

¿La clave? Piden historias en lugar de una respuesta. Expresan su duda de una manera que *solo* puede ser respondida con una historia.

Los reporteros proporcionan a los atletas

los detalles, el contexto y los límites para darles la oportunidad de que hablen tanto como sea posible en lugar de proporcionar una respuesta de una palabra. Es casi como si proporcionaran a los atletas con un esquema de lo que quieren escuchar y cómo pueden proceder. Le facilitan el contar una historia y simplemente se involucran. Es como si alguien te hiciera una pregunta, pero, en la misma pregunta, te dice exactamente lo que quiere escuchar como pistas.

Algunas veces pensamos que estamos haciendo el trabajo fuerte en una conversación y la otra parte no nos está dando mucho con lo que trabajar. Pero, esa es una excusa que oscurece el hecho de que no se la estamos poniendo fácil para ellos tampoco. Podrían no darnos mucho, pero también podrías estar haciéndoles las preguntas equivocadas, lo que los lleva a proporcionar terribles respuestas. De hecho, si piensas que estás sosteniendo la carga en tus hombros, definitivamente estás haciendo las preguntas equivocadas.

La conversación puede ser mucho más

placentera para todos los involucrados si proporcionas un suelo fértil para que las personas trabajen en él. No le pongas una trampa a la otra persona para que falle, convirtiéndote en un mal conversador; solo hará que te involucres menos y que te importe menos, lo que causará que la conversación muera.

Cuando las personas me hacen preguntas vagas y de poco esfuerzo, sé que probablemente no están interesados en la respuesta. Solo están rellenando el tiempo y el silencio. Para crear conversaciones ganar-ganar y mejores circunstancias para todos, pide historias de la manera en que lo hacen los reporteros de deportes.

Las historias son personales, emotivas y persuasivas. Hay un profundo proceso y una narrativa que necesariamente existe. Son lo que muestra nuestra personalidad y es cómo puedes aprender sobre alguien. Las historias revelan las emociones de las personas y cómo piensan. Y, por último, pero no por eso menos importante, muestran lo que te importa.

Compara esto con simplemente pedir respuestas cerradas. Estas respuestas a menudo son muy aburridas y rutinarias para que a las personas les importe. Responderán a tus preguntas, pero de una manera muy literal, y el nivel de participación no será el mismo. Salpicar a las personas con preguntas superficiales los coloca en una posición para fallar a nivel conversacional.

Es la diferencia entre preguntar "¿hasta ahora cuál ha sido la mejor parte de tu día? ¡Dime cómo conseguiste ese puesto de estacionamiento tan cerca! En lugar de solo preguntar "¿cómo estás?".

Cuando le haces a alguien la segunda pregunta, estás buscando una respuesta rápida y desinteresada. Estás siendo flojo y no te importa su respuesta o quieres que lleven la carga conversacional. Cuando le haces a alguien las primeras dos preguntas, los estás invitando a que te cuenten una historia específica sobre su día. Los estás animando a narrar una serie de eventos que hicieron o no su día genial. Les estás diciendo que estás interesado más allá de un nivel superficial. Y tu pregunta no puede ser respondida con una simple respuesta de una palabra.

Otro ejemplo es "¿qué es lo más emocionante de tu trabajo? ¿Qué se siente marcar una diferencia?" En lugar de simplemente hacer la genérica pregunta "¿de qué trabajas?" Ya que cuando solo le preguntas a alguien lo que hace para ganarse la vida, sabes exactamente cómo será el resto de la conversación: "oh, hago tal cosa. ¿Y tú?".

Un ejemplo final es "¿cómo te sentiste en tu fin de semana? ¿Cuál fue la mejor parte? El tiempo estaba muy bien", en lugar de solo preguntar "¿cómo estuvo tu fin de semana?".

Generar historias en otros en lugar de simples respuestas les da la oportunidad de hablar de manera que se sientan emocionalmente involucrados. Esto incrementa el sentido de significado que deriva de la conversación. También les hace sentir que estás genuinamente interesado en escuchar su respuesta porque tu pregunta no suena genérica.

Considera los siguientes lineamientos cuando hagas una pregunta:

1. Pide una historia
2. Sé amplio, pero con direcciones y señales específicas
3. Haz preguntas sobre sentimientos y emociones
4. Dale a la otra persona una dirección a la cual expandir su respuesta, y dale múltiples señales, pistas y posibilidades.
5. Si todo lo demás falla, di directamente "cuéntame algo sobre...".

Imagina que quieres que la otra persona satisfaga tu curiosidad. Otros ejemplos incluyen lo siguiente:

1. "Háblame sobre la vez que..." contra "cómo estuvo eso?"
2. "Te gustó que..." contra "¿qué tal estuvo eso?"
3. "Te veías enfocado. ¿Qué pasó en tu mañana..." contra "¿cómo estás?"

Pensemos sobre lo que pasa cuando

obtienes (y proporcionas) historias personales en lugar de viejas y gastadas respuestas automáticas.

Le dices hola a tu compañero de trabajo un lunes por lo mañana y le preguntas cómo estuvo su fin de semana. En este punto, tienes catalogado lo que dirás en caso de que te pregunte lo mismo. Recuerda, a la persona probablemente no le importa la respuesta como tal ("bien" o "sin novedad"), pero le *gustaría* escuchar algo interesante. Sin embargo, nunca consigues la oportunidad, porque preguntas "¿cómo estuvo tu fin de semana?" Cuéntame la parte más interesante, ¡sé que no solo miraste una película en casa!"

Empieza a abrirse y a contarte sobre su sábado en la noche cuando de manera separada e involuntaria visitó un club nocturno, un funeral y una fiesta de cumpleaños de un niño. Esa es una conversación que puede despegar y ponerse interesante, y has evitado exitosamente la aburrida e innecesaria charla que persigue a muchos de nosotros.

A la mayoría de las personas les gusta hablar de ellos mismos. Usa este hecho como ventaja. Una vez que alguien recibe tus señales y comienza a compartir una historia, asegúrate de que estás al tanto de cómo estás respondiendo a esa persona a través de tus expresiones faciales, gestos, lenguaje corporal y otras señales no verbales. Ya que siempre hay al menos una cosa emocionante en cualquier historia, enfócate en ese clímax y no temas demostrar tu interés.

Un consejo rápido para mostrar que estás interesado e incluso dispuesto a añadir a la conversación es algo llamado *ponerle la cola al burro*. Seguramente tiene un mejor nombre, pero por el momento eso será suficiente. El burro es la historia de alguien más, mientras que la cola es lo que aportas. Esto te permite sentir que estás contribuyendo, hace que la otra persona sepa que estás escuchando y se convierte en algo que han creado juntos. En esencia, estás tomando el impacto que alguien más quiere expresar y lo estás amplificando.

Estás asistiendo a la otra persona en su propia narración, quieren extraerte una reacción específica y tú estás yendo más allá con la *cola*.

A las personas de hecho les encantará porque, cuando haces esto, tu mentalidad se centra en apoyar las historias de las personas y dejar que sean el foco. Aquí tienes un ejemplo:

Historia de Bob: "fui al banco y me tropecé regando mi dinero por doquier, haciendo que lloviera sin querer".

Cola: "¿pensaste que eras Rico McPato por un segundo?"

Al crear una cola, trata de apuntar hacia la emoción principal que la historia estaba expresando, luego añade un comentario que la amplifique. La historia era sobre Bob sintiéndose rico, y Rico McPato es un pato que nada en piscinas de doblones de oro, así que aporta a la historia y no le roba el show a Bob.

Historia de Sabrina: "¡luego de almorzar, me

encontré con el presidente de mi empresa y dijo que me recordaba por las grandes ideas que tuve durante la reunión!"

Cola: "¡como si hubieses ganado un concurso de belleza!"

Esta historia era sobre Sabrina sintiéndose halagada y optimista, así que el concepto de un concurso de belleza amplifica esas emociones. Fomenta el hábito de asistir las historias de otros. Es fácil, ingenioso y extremadamente interesante porque estás ayudándolos.

Enseñanzas:

- Cautivar a las personas usualmente hace referencia a contar una historia que los deje escuchando como niños (de buena manera). La narración es un gran tema que a menudo complican mucho, pero existen muchas maneras de crear este sentimiento de formas pequeñas y usuales en el día a día. Cautivar a otras no es una tarea fácil, pero el material y la habilidad se encuentran dentro de todos nosotros. Solo tenemos que saber dónde

están y cómo acceder a ellos.
- Una manera sencilla de imaginar la narración del día a día es que tu vida sea una serie de historias, mini historias para ser exactos. En lugar de dar respuestas de una palabra, fomenta el hábito de plantear tus respuestas como una historia con un punto. Esto crea más participación, te permite mostrar tu personalidad y da espacio a una conversación más fluida. Además, estas mini historias las puedes preparar antes de una conversación.
- El método 1:1:1 de la narración es simplificarla tanto como sea posible. El impacto de una historia no será necesariamente más fuerte si hay diez oraciones en lugar de dos. Por ende, el método 1:1:1 se enfoca en la discusión y la reacción que tiene lugar después de la historia. Una historia puede estar compuesta solamente por (1) una acción, (2) una emoción y (3) una oración que la resuma. No te pierdas divagando y asegúrate de que tus oyentes sientan que están realmente participando en la conversación.
- La columna vertebral de la historia es

más o menos la fórmula de cada película existente. Es un esquema sencillo que puedes usar en tus historias y conversaciones de todos los días porque te enseña qué ritmo emocional está presente en una historia. Existe el statu quo, el evento que pone todo en marcha, el establecimiento de las consecuencias para cambiar el statu quo, el clímax o resolución y luego lo que pasa después del hecho.

- Las historias también pueden ser la base de un chiste interno. Cuando lo piensas, un chiste interno es algo que surge varias veces con la misma persona y provoca una emoción positiva. Es el mismo tema llevado a un contexto diferente. Por ende, solo necesitas retomar una historia a través de una conversación y hay una alta probabilidad de que quede como ese momento de "recuerdas cuando hablamos de…". Mientras más lo uses, más único será el lazo creado entre ustedes dos.
- Mejorar tu habilidad narrativa es importante, pero, ¿qué hay sobre obtener historias de otros? Puedes

expresar tus preguntas cuidadosamente para pedir historias en lugar de respuestas a las personas, lo cual es una manera sencilla de hacer una conversación más fácil y más agradable para todos los involucrados. Existen maneras para hacer que las personas se abran y quieran seguir la plática. Recuerda la lección que aprendimos con el método 1:1:1 al señalar la emoción que la persona está tratando de expresar. Para amplificar esto, puedes *ponerle la cola al burro* y aportar estratégicamente algo a la historia de las personas.

Guía de enseñanzas

CAPÍTULO 1. FLUYE COMO UN RÍO

- ¿Conoces a esas personas que siempre tienen algo inteligente o ingenioso que decir? ¿Alguna vez te has preguntando cómo cultivaron esta cualidad aparentemente mágica? Si es así, debes saber que ser ingenioso es mucho más fácil de lo que piensas y no es algo con lo que tienes que nacer. Al seguir ciertos trucos y técnicas, tú mismo puedes desarrollar la misma imagen pública. El primer elemento a abordar es el flujo conversacional y mantener una conversación bilateral.
- El primer truco del libro es nunca hablar con preguntas absolutas. Elimina las preguntas y afirmaciones que contengan palabras como favorito, absoluto, único o peor, etc., de tu vocabulario. Si le preguntas a alguien "¿cuál es absolutamente tu

película favorita?", estás haciendo una pregunta presurizada que induce una pausa y destruye el flujo. En lugar de eso, siempre generaliza tus preguntas al poner limitaciones sobre ellas. Esto no requiere mucho pensamiento de parte de tu compañero de conversación, lo que le permite simplemente responder una pregunta con un rango de respuestas en lugar de ser atrapado buscando la respuesta "correcta".

- Las reacciones son importantes. Las personas dicen y hacen cosas por una razón, y es usualmente para conseguir una reacción. Este paso es engañosamente sencillo pero difícil. Presta atención a otras personas y pregúntate qué emoción quieren evocar. Luego dales esa emoción. No te tomes mucho tiempo para responder, pero ser muy rápido tampoco es aconsejable. Todo esto es para hacer que otros sientan que estás presente y participando
- Si tu mente se pone en blanco, usa una técnica llamada asociación libre

para generar una respuesta. Estas son palabras que vienen a tu mente inmediatamente después de escuchar algo. Por ejemplo, si alguien habla sobre gatos; practica la asociación libre con los ejercicios proporcionados y serás capaz de inventar respuestas más rápida y fácilmente. La conversación como un todo es una serie de respuestas e historias que no están relacionadas, por lo que la asociación libre no es más que practicar el flujo conversacional.

- Independientemente de con quién estés hablando, es probable que te hagan las mismas preguntas genéricas. Estás incluyen de qué trabajas, cómo estuvo tu día y otras más como estas. Querrás tener dos respuestas separadas preparadas para estas preguntas, una de las cuales debe ser interesante y única (la explicación de la calle), mientras que la otra es más informativa (la explicación experta). Ser demasiado esotérico al conocer a alguien por

primera vez no siempre es útil y puede confundir y dejar a otros sin habla.
- Finalmente, aprende a ofrecer buenos elogios. Esto también es engañosamente fácil. Elogia cosas sobre las que las personas tengan control o sobre las que hayan tomado una decisión. No elijas cualidades genéricas como la altura o el color de los ojos; en lugar de eso, elige cosas a las que las personas le han puesto esfuerzo de manera activa. Las personas se sienten cómodas y alagadas, y luego comienzan a abrirse.

CAPÍTULO 2. LA CONVERSACIÓN ES UN JUEGO

- Todo en una conversación es una oportunidad para una interacción juguetona. Solo se necesita un cambio de mentalidad para ver eso y el mundo se abrirá.
- Romper la cuarta pared es un movimiento sencillo pero efectivo para hacer que cualquier conversación sea interesante. A

menudo usada en películas, esta técnica esencialmente consiste en hacer un comentario sobre la conversación que estás teniendo de una manera positiva. Esto es generalmente algo que ambas partes están pensando, pero no ha tenido reconocimiento. Si estás teniendo una conversación particularmente divertida con alguien, podrías recalcar algo bromeando "las cosas realmente subieron de tono, ¿no?". Esta es una gran manera de conectarte ya que muestra que estás pendiente de tus conversaciones a un nivel más profundo.

- Lo siguiente, tenemos la técnica "nosotros contra el mundo". Esta implica formar un grupo social con la persona con la que estás hablando basado en alguna experiencia o emoción común que ambos comparten. Si, digamos, te encuentras en un club donde la música está muy fuerte, puedes comentar algo como "parece que estas personas se están llevando bien, ¡pero estoy seguro de que nos vamos a quedar sordos!". Esto forma una experiencia compartida y un chiste interno que también puede ser usado en interacciones futuras.

- Si una conversación parece estar muriendo o pasando a monótona, podrías querer tener algunas historias de último recurso para estimular tu interacción. Estos son incidentes extremadamente cortos que puedes narrar para conseguir la opinión de la otra persona o para preguntarle cómo reaccionaría en la misma situación. El énfasis aquí está sobre la discusión y opinión. Por ejemplo, puedes contarles sobre cómo una chica rompió los estereotipos y le propuso matrimonio a su novio, siguiendo con una pregunta sobre lo que harían en una situación similar. Esto puede ser el punto de inicio de una conversación amena.
- También tenemos el juego de rol instantáneo como una técnica a la que puedes recurrir. Este es quizás

uno de los trucos más sencillos mencionados hasta ahora. El truco generalmente involucra a ambas partes para que asuman algún rol genérico y lo interpreten para tener un alivio cómico. Hay cuatro pasos a considerar aquí. Primero, elogiar a la persona sobre alguna cualidad que tengan, como ser un gran copiloto. Luego, asignarles un rol basado en esa cualidad, como que sea igual a Fernando de Magallanes. Este es el rol que asumirá, el de un navegador reconocido. Simplemente sigue la corriente con preguntas interesantes sobre la navegación ("¿qué continente disfrutaste más al descubrir?") y guíalos hacia el juego de rol.

CAPÍTULO 3. UN TOQUE DE CHARLA OCURRENTE

- Este capítulo te enseñará cómo ser una máquina de respuestas ingeniosas. Si eres el tipo de persona que piensa en respuestas inteligentes veinte minutos luego de que termina una conversación, las técnicas planteadas aquí te ayudarán a crearlas más rápido. Es un asunto de pensar de manera no literal, no convencional, y no lineal; así como de darte cuenta que una conversación es una oportunidad para jugar en lugar de una difusión de información.

- Si alguien se está burlando de ti, existen dos métodos que puedes usar que te ayudarán a inventar una respuesta ingeniosa. Puedes tomar eso por lo que se están burlando y exagerarlo al punto de lo absurdo, o señalar un efecto secundario divertido pero positivo de eso por lo que se burlan de ti.
- Al inventar respuestas, es importante usar el tono adecuado y actuar como si pudieras soportar una broma. A nadie le gusta un mal perdedor, y querrás indicar que estás bromeando a través de tu comportamiento y tus expresiones. Sonríe irónicamente luego de dar tu respuesta y usa un

tono que exprese indiferencia en lugar de molestia.
- Nuestros siguientes trucos están basados en el arte de malinterpretar. La cadena de ocurrencias es una serie de intercambios que depende de que malinterpretes un comentario ordinario mientras que la otra persona sigue el juego. Tu presentas una malinterpretación deliberada y, si muerden el anzuelo, ahora has ingresado algo que puedes llamar cadena de ocurrencias y puedes continuar subiéndole el nivel.
- Otra técnica que depende de la malinterpretación es la conclusión exagerada. Aquí, básicamente tomas una declaración y la exageras exponencialmente para salirte de lo ordinario y entrar a algo parecido a un juego. Nuestro último truco de malinterpretar es la broma juguetona, donde provocas un poco a tu compañero de conversación usando bromas y ambos terminan riendo.

CAPÍTULO 4. GRACIOSO A VOLUNTAD

- Una de las cosas principales que previene que seamos graciosos es que tomamos todo de manera muy literal y usamos un lenguaje aburrido al hacerlo. Esta es una diferencia en la mentalidad, similar a la dicotomía de jugar contra conversar/discutir que vimos antes. Perdemos oportunidades sencillas cuando podemos darnos cuenta de que algunas elecciones de vocabulario son mejores que otras, y que tenemos múltiples oportunidades al día para usarlas. Así que el primer paso para ser más divertido es usar un lenguaje que sea tanto específico como uno que pinte imágenes vívidas en la mente de las personas.
- Una técnica de comedia que depende de la generación de imágenes mentales es la regla de tres. Aquí, básicamente describes algo usando tres adjetivos, dos positivos y uno altamente negativo, en ese orden. Alternativamente, X, Y, y el opuesto

de X y Y. Generalmente, esperamos un tercer adjetivo relacionado con los dos consecutivos iniciales, pero un descriptor no relacionado descoloca completamente a la audiencia. La regla de tres funciona gracias al amago y la sorpresa.

- La técnica final trata de diseccionar el amago y cómo puede dirigir a grandes risas. Primero, comenzamos con el sarcasmo y la ironía. El sarcasmo es cuando dices algo que no quieres decir en un intento por burlarte de algo o ponerlo en ridículo. La ironía, por otro lado, se refiere a situaciones donde pasa algo que es lo opuesto de lo que esperarías. Esto es más humor observador de tu parte, porque estarías señalando un contraste en lugar de crear uno. La ironía posee una sorpresiva cantidad de versatilidad debido a los muchos lugares donde puede ser aplicada. Puedes estar buscando un contraste irónico entre palabra, lenguaje corporal y el tono, hipérbole irónica e incluso usar un símil irónico para ti mismo (ligero como un ladrillo).

CAPÍTULO 5. HISTORIAS CAUTIVADORAS

- Cautivar a las personas usualmente hace referencia a contar una historia que los deje escuchando como niños (de buena manera). La narración es un gran tema que a menudo complican mucho, pero existen muchas maneras de crear este sentimiento de formas pequeñas y usuales en el día a día. Cautivar a otras no es una tarea fácil, pero el material y la habilidad se encuentran dentro de todos nosotros. Solo tenemos que saber dónde están y cómo acceder a ellos.
- Una manera sencilla de imaginar la narración del día a día es que tu vida sea una serie de historias, mini historias para ser exactos. En lugar de dar respuestas de una palabra, fomenta el hábito de plantear tus respuestas como una historia con un punto. Esto crea más participación, te permite mostrar tu personalidad y da espacio a una conversación más fluida. Además, estas mini historias las puedes preparar antes de una conversación.

- El método 1:1:1 de la narración es simplificarla tanto como sea posible. El impacto de una historia no será necesariamente más fuerte si hay diez oraciones en lugar de dos. Por ende, el método 1:1:1 se enfoca en la discusión y la reacción que tiene lugar después de la historia. Una historia puede estar compuesta solamente por (1) una acción, (2) una emoción y (3) una oración que la resuma. No te pierdas divagando y asegúrate de que tus oyentes sientan que están realmente participando en la conversación.
- La columna vertebral de la historia es más o menos la fórmula de cada película existente. Es un esquema sencillo que puedes usar en tus historias y conversaciones de todos los días porque te enseña qué ritmo emocional está presente en una historia. Existe el statu quo, el evento que pone todo en marcha, el establecimiento de las consecuencias para cambiar el statu quo, el clímax o resolución y luego lo que pasa después del hecho.
- Las historias también pueden ser la base

de un chiste interno. Cuando lo piensas, un chiste interno es algo que surge varias veces con la misma persona y provoca una emoción positiva. Es el mismo tema llevado a un contexto diferente. Por ende, solo necesitas retomar una historia a través de una conversación y hay una alta probabilidad de que quede como ese momento de "recuerdas cuando hablamos de...". Mientras más lo uses, más único será el lazo creado entre ustedes dos.

- Mejorar tu habilidad narrativa es importante, pero, ¿qué hay sobre obtener historias de otros? Puedes expresar tus preguntas cuidadosamente para pedir historias en lugar de respuestas a las personas, lo cual es una manera sencilla de hacer una conversación más fácil y más agradable para todos los involucrados. Existen maneras para hacer que las personas se abran y quieran seguir la plática. Recuerda la lección que aprendimos con el método 1:1:1 al señalar la emoción que la persona está tratando de expresar. Para amplificar esto, puedes *ponerle la cola al burro* y aportar estratégicamente algo a la historia de las personas.

www.ingramcontent.com/pod-product-compliance
Lightning Source LLC
Chambersburg PA
CBHW071232070526
44583CB00017B/2149